1日でわかる 経理

林 忠史
Tadashi Hayashi

KKベストブック

目 次

はじめに・・・・・・・・・・・・・・・・・・・・・・5

第1章　経理の仕事の仕組みとルールを知ろう！
1　経理の役割と仕事・・・・・・・・・・・・・8
2　経理の仕事の流れ・・・・・・・・・・・・・10
3　経理業務のサイクル・・・・・・・・・・・・12
4　経理業務のルール・・・・・・・・・・・・・14
5　原資記録の整理及び保管方法・・・・・・・・16
6　具備すべき帳簿・・・・・・・・・・・・・・18
7　経理処理の流れ・・・・・・・・・・・・・・20
8　伝票の書き方・・・・・・・・・・・・・・・22
9　総勘定元帳とは・・・・・・・・・・・・・・24
第1章　キーワード・・・・・・・・・・・・・26

第2章　簿記の仕組みをおさえよう！
10　簿記とは何か・・・・・・・・・・・・・・・30
11　簿記の仕組み・・・・・・・・・・・・・・・32
12　資産・負債・純資産・費用・収益について・・34
13　資産グループの勘定科目・・・・・・・・・・36
14　負債・純資産グループの勘定科目・・・・・・38
15　貸借対照表とは何か・・・・・・・・・・・・40
16　収益グループの勘定科目・・・・・・・・・・42
17　費用グループの勘定科目・・・・・・・・・・44
18　損益計算書とは何か・・・・・・・・・・・・46
＜勘定科目　早引き表＞・・・・・・・・・・・48
第2章　キーワード・・・・・・・・・・・・・54

第3章　仕訳の基本をマスターしよう！
19　仕訳とは何か・・・・・・・・・・・・・・・58
20　取引の二面性・・・・・・・・・・・・・・・60
21　仕訳のルール・・・・・・・・・・・・・・・62
22　実際に仕訳をやってみよう・・・・・・・・・64

<仕訳早見表>・・・・・・・・・・・・・・・68

第4章　日々の経理のポイントをおさえよう！

　23　現金の管理方法・・・・・・・・・・・・74
　24　預金の管理方法・・・・・・・・・・・・76
　25　小切手の取扱い方法・・・・・・・・・・78
　26　売上の管理方法・・・・・・・・・・・・80
　27　売上の記帳方法・・・・・・・・・・・・82
　28　売掛金の管理方法・・・・・・・・・・・84
　29　仕入の管理方法・・・・・・・・・・・・86
　30　仕入の記帳方法・・・・・・・・・・・・88
　31　買掛金の管理方法・・・・・・・・・・・90
　32　受取手形の取扱い方法・・・・・・・・・92
　33　受取手形の記帳方法・・・・・・・・・・94
　34　支払手形の取扱い方法・・・・・・・・・96
　35　支払手形の記帳方法・・・・・・・・・・98
　36　棚卸資産の管理方法・・・・・・・・・・100
　37　固定資産の管理方法・・・・・・・・・・102
　38　有価証券の管理方法・・・・・・・・・・104
　39　借入金の管理方法・・・・・・・・・・・106
　40　給与の管理方法・・・・・・・・・・・・108
　41　社会保険の仕組み・・・・・・・・・・・110
　42　労働保険の仕組み・・・・・・・・・・・112
　43　製造原価の仕組み・・・・・・・・・・・114
　44　税金の仕組み・・・・・・・・・・・・・116
　45　金融機関との付き合い方・・・・・・・・118
　第4章　キーワード・・・・・・・・・・・・120

第5章　いよいよ決算書を作ってみよう！

　46　決算とは何か・・・・・・・・・・・・・126
　47　決算書の作成・・・・・・・・・・・・・128
　48　試算表の作成・・・・・・・・・・・・・130

目次

49 精算表の作成・・・・・・・・・・・・132
50 現金・預金の残高確認 — 決算整理①・・・・・134
51 売掛金・買掛金の残高確認 — 決算整理②・・136
52 貸倒損失の計上方法 — 決算整理③・・・・・138
53 棚卸と売上原価について — 決算整理④・・・140
54 棚卸資産の期末評価方法 — 決算整理⑤・・・142
55 減価償却の計算方法（Ⅰ）— 決算整理⑥・・・144
56 減価償却の計算方法（Ⅱ）— 決算整理⑥・・・146
57 貸倒引当金繰入額の計算 — 決算整理⑦・・・150
58 費用・収益の繰延べ・見越し — 決算整理⑧・・152
＜主だった決算整理事項まとめ表＞・・・・・・154
59 決算書の仕組み・・・・・・・・・・・156
60 貸借対照表のスタイル・・・・・・・・・158
61 貸借対照表の仕組み・・・・・・・・・・160
62 損益計算書のスタイル・・・・・・・・・162
63 損益計算書の仕組み・・・・・・・・・・164
64 製造原価報告書のスタイル・・・・・・・166
65 貸借対照表と損益計算書の関連・・・・・・168
第5章 キーワード・・・・・・・・・・・170

第6章 これも経理の大事な仕事！

66 資金繰り表の作成・・・・・・・・・・・176
67 経費削減の視点・・・・・・・・・・・・178
68 財産管理の視点・・・・・・・・・・・・180
69 売掛金回収の視点・・・・・・・・・・・182
70 在庫管理の視点・・・・・・・・・・・・184
71 設備投資の視点・・・・・・・・・・・・186
72 資金調達の視点・・・・・・・・・・・・188
第6章 キーワード・・・・・・・・・・・190

表紙装丁／関原直子

はじめに

　「数値は経営の標準語」と言われるように経営活動の結果は数値になって表れます。その数値は、どのような過程を踏んで作られてきたのか、そのストーリーをまとめたものが経理と言えます。経理は、企業経営にとって欠かすことのできない業務であり、その内容は、経理に携わるメンバーのみが知っていればいいというものではありません。営業や製造等活動に携わる全ての人が、この仕組みを知っておくことが大切です。

　しかしながら、経理は専門用語が多く、数値の世界でわかりづらいという感じをお持ちの方がいらっしゃるのも事実です。

　前書『若手ＯＬがいきなり会社の経理をまかされる』（ベストブック刊）では、気軽に経理の世界に入っていけるよう基本的な知識をコンパクトにまとめました。本書では、経理というものをさらに具体的に理解して頂くため、６時間という時間を設定し、１テーマにつきできるだけ見開き単位で文書と図解で解説しました。また、章の最後にはその章で使用した基本的な用語、重要な用語、さらには「勘定科目早引き表」「仕訳早見表」を入れてあります。そこまで学習したことを再確認する上でもお読み下さい。

　実務に役立てて頂くための一助として、前書『若手ＯＬがいきなり会社の経理をまかされる』と本書とを併せて読んで頂き、一人でも多くの方が経理に親しみを持って頂ければ幸いです。

第1章

経理の仕事の仕組みとルールを知ろう！
― 経理のファーストステージ ―

会社の要となっている経理の役割と仕事、そして、経理の流れがつかめれば、不安を拭い去ることができます。まず、その全体像をつかみます。

1時間目 ●
2時間目 ○
3時間目 ○
4時間目 ○
5時間目 ○
6時間目 ○

1　経理の役割と仕事

　経理の仕事は、毎日の出納から帳簿作成、給与計算、そして、決算と多岐にわたります。その諸資料から経営者は、今後の経営の意思決定を行うことになります。

1　経理は会社の要である

　会社は継続していかなければなりません。そのためには利益を追求し、資金（お金）を円滑にまわしていく必要があります。
　経理とは、経営活動を数値によって取りまとめ、会社の資金（お金）の状態を明らかにして、利益が出ているのか、経営が順調に推移しているのかの状況を示すことです。つまり、会社の要を担っているものといえます。
　しっかりと経理の業務が果たされれば、今後の会社の進むべき方向性や進路を決めることができます。経理の完成度が、会社の舵取りに大きな影響を及ぼすといっても過言ではありません。経理はまさに、会社を運営する上で必要不可欠なものです。

2　経理の仕事範囲は幅広い

　経理は売上代金の請求や回収、仕入先への支払、諸々の経費の支払等の取引内容を正確に記録します。また、資金繰り表を作成し、会社が資金不足に陥らないように資金の調整の手助けをします。そして、1年の経営活動のまとめとして決算を行い、決算書や税務申告書等も作成します。しかも、中小企業では労務に関する仕事も担当します。社会保険や労働保険等の手続きを行ったり、従業員の採用時や退職した際の手続きも行います。このように、経理の仕事範囲は幅広く、多忙を極める職種です。それだけにやりがいが持てる仕事とも言えます。

経理の役割と仕事

＜経理の三つの役割＞

①	経営の羅針盤	企業経営の舵取りに必要な資金（お金）の状況、損益の状況を明確にする
②	情報の提供	事業活動の結果としての決算書を作成し、株主総会等に提出する
③	納税の基礎資料作成	決算書の利益を基に、法人税、事業税、住民税、消費税等の申告書を作成する

＜経理の三つの仕事＞

①	会社が行った取引活動を数値として記録する。そして、記録された内容を定められたルールに従って整理し、決算書・税務申告書等の書類を作成する
②	経営活動を順調に進めるために資金（お金）の流れを管理する
③	今後の舵取りのための経営計画立案に対して様々な情報の分析や経営分析のための資料を作成する

⇩

経理は会社の資金（お金）の流れや量を把握する

Point!
- 経理は会社運営にとって必要不可欠である
- 経理の出来次第で会社の運営は変わってくる
- 経理の仕事の１年は、決算によって締めくくられる

2 経理の仕事の流れ

　経理の仕事には、取引があった時「仕訳」というルールに従ってその記録を取り、1年経過した時点で、その総まとめの書類として決算書を作成するという流れがあります。

1 経理の業務には大きな流れがある

　会社の諸活動を記録するのが経理の仕事です。経理は何か取引があった時、その取引を分類・整理して、同じ性質のものにまとめる「仕訳」を行います。それらを「仕訳帳」「総勘定元帳」といった帳簿に記録し、月々ごとに各帳簿を締めてまとめ、勘定科目や金額の書き間違えをチェックし、おおよその儲け（損益）を算出するため、試算表を作成します。

　これを12ヶ月間月々ごとに行い、事業年度末の経理処理を施す「精算表」を作成し、1年間の経営活動の取りまとめである「決算書」を作成していきます。

　さらにこの「決算書」をベースに税金計算等を行う「申告書」を作り、納税します。このように経理は、1年間という期間の中で大きな流れに従って業務を遂行していきます。

2 経理の仕事の流れを知ることによって経理全体が見えてくる

　経理の流れを知り全体をしっかりと把握することによって、今行っている業務は流れの中でどのような役割を果たす、どのような位置付けのものなのかを捉えられるようになります。経理業務は、地味にコツコツと行っていくものというイメージがありますが、細かい数字や作業ばかりを見てしまうと、次にやるべきことが見えなくなってしまいがちです。先手を打った仕事をするためには、全体を見渡した上で業務に当たることがことが必要不可欠です。

経理のフロー図

```
取　引
（お金やモノの出入り）
      ↓
仕　訳     取引があるとその取引を二つ以上の勘定
          科目を使用して左右に区分けして整理す
          る
      ↓
仕訳帳の作成    取引内容を発生順に整理した「仕訳帳」
総勘定元帳の作成  と勘定科目ごと、日付順に整理した「総
          勘定元帳」を作成する
      ↓
試算表の作成   「総勘定元帳」から全ての勘定科目につい
          て各々の合計金額や残高を求めて一覧表
          にした「試算表」を作成する
      ↓
精算表の作成   決算をむかえるに当たって「試算表」に
          決算整理を施し、「精算表」を作成する
      ↓
決算書の作成   主だった決算書類として「貸借対照表」「損
          益計算書」を作成する
      ↓
税務署に申告・納税  決算書をもとに申告書を作成し、納税する
```

Point!

- 経理の仕事は仕訳に始まって「決算書」「申告書」の作成で終わる
- 経理業務を1年の期間に区切ってその流れを把握する
- 経理業務の分担を経理の流れに従って明確にしておく

3　経理業務のサイクル

　経理の仕事には、日次、月次、年次で行っていかなければならない項目が決められており、このサイクルを毎年繰り返していきます。

1　「日々の仕事」「月々の仕事」「年に1度の仕事」を把握する

　経理の仕事には、一定のサイクルがあります。日次単位では、現預金の残高の確認、売上・仕入・諸経費に関する取引を伝票に起票、総勘定元帳への転記、会計ソフトを導入している会社では、それらの入力といった種々の業務があります。さらに、現金の出納、預金等の預入と引出、小切手等の振出、納品書や請求書の発行等も日々の重要な業務です。

　月次単位では、帳簿の締切りによる試算表の作成、給与計算と支給、今後少なくとも3ヶ月先を見込んだ資金繰り表の作成、月末の在庫管理等が主な業務です。

　年次単位では、決算書作成のために決算整理を行ったり、社会保険、労働保険の手続き、社員の年末調整等の業務があります。具体的内容は右図の通りです。

2　「1ヶ月の仕事の流れ」「1年の仕事の流れ」をスケジュール化する

　経理の仕事は、時間で区切られることが多々あります。そのため、サイクルに沿ったスケジュールを詳細に組み立てておくことが重要です。1ヶ月の中で1日～5日迄、6日～10日迄というように5日間をひとくくりにして、末日までに何をするかが必然的に決まってきます。これを明確にしてチャート化しておきます。また、年次単位では、1月、2月というように、各月にやるべき事を明らかにして業務に当たります。こうした事によって仕事のし忘れ、遅れを防ぐことができます。

主だった経理業務内容

日々の仕事	①日々の取引の「伝票起票」（仕訳帳の作成）
	②各帳簿への記帳（会計ソフトへの入力）
	③現貯金の残高を確認
	④日常発生する経費等の領収書の管理と整理
	⑤納品書と請求書の整理と保管
月々の仕事	①各帳簿の締切り
	②月次試算表の作成
	③売上代金の請求書の発行
	④仕入代金の請求書の整理
	⑤売掛代金回収のチェック及び買掛代金支払のチェック
	⑥短期的な資金繰り表の作成
	⑦給与の支払と源泉所得税・住民税・社会保険料等の納付
	⑧月末在庫の管理
年間の仕事	①決算の経理処理
	②年間の資金繰り計画の立案
	③昇給・賞与等の決定に必要なデータ作成
	④労災保険、雇用保険の年度更新手続き
	⑤健康保険や厚生年金の定時決定手続き
	⑥所得税の調整（年末調整）

Point!
☞経理の仕事は「日次」「月次」「年次」に流れをつかんで計画的に行う
☞「月次」「年次」の仕事はスケジューリングをして明確にしておく
☞仕事については先行管理を行っていく

4 経理業務のルール

経理の仕事は、ルールに従って継続的に整然と行う必要があります。担当者が代わったり、年度が変わるたびに安易に実務レベルでの基本ルールが変わっていたのでは、正確な決算等望めません。

1 現金の扱いには細心の注意を払う

経理業務を遂行するに当たっての基本的ルールは、右表の通りです。このルールに従って、実務を行っていくことになりますが、特に現金を扱う場合には、事故や不正が起きやすくなります。トラブルを未然に防ぐという意味でも、現金の取扱いについては、きめ細かい対応が必要です。

現金は必ず用意した金庫の中に入れておき、週または月初めの手持ちの額を決めておき、足りなくなった分を補充することが大切です。また、交通費等領収書の発行が受けられない場合には、担当者の精算書等記録となるものと引き換えを行います。

なお、使用の不明な支出は、たとえ経営者の場合でも応じてはいけません。

2 今や常識になったパソコン使用のルールも明確にしておく

今でも手作業で経理を行う会社がありますが、業務の効率化を推進するために、パソコン会計はもはや常識となりつつあります。そこで、パソコンを取扱うに当たっては、情報の紛失、流出防止のため、パソコン本体やストックしたデータ等を外部に持ち出さないことが重要となります。

また、ＩＤやパスワードの定期的な変更管理を行って、データのバックアップを実施していくことが大切です。言うまでもなく、経理内容は社外秘のものであり、厳重な管理が必要です。

基本的なルールとポイント

＜基本的ルール＞

①	証拠となる証憑類（領収書等）をしっかりと管理する
②	証拠書類にもとづき処理する
③	不正の計算をせずに正確に計算する
④	一度採用した会計処理の原則や手続きをみだりに変更しない
⑤	仕事はためないでコツコツ行う
⑥	銀行提出や税務申告等の目的で異なる形式の決算書を作成する場合もその内容は同一である

＜日常業務における主なポイント＞

①	納品書や領収書等の証憑類は台紙に貼る等して保管する
②	帳簿への記帳は一定のルールに従って行う
③	伝票起票、パソコンへの入力はためずに行う
④	帳簿類は整理し、法定された期間保管する
⑤	職務上知り得た知識については決して社外、社内に他言しない
⑥	印鑑は重要なものとして金庫に保管する

Point!
☞ 日常の約束事について、経理規程やマニュアルを作成する
☞ 印紙や切手類も現金と同じよう細心の注意を払って管理する
☞ パソコンの取扱い方についてルール化する

5 原資記録の整理及び保管方法

　日常の取引の中で、購買先等から領収書をもらい、また、自社から顧客に対しては領収書を発行し、その控えを残します。その領収書管理は、経理上大変重要となります。

1 「書類」の保存期間は原則7年間である

　総勘定元帳、仕訳帳、現金出納帳等を「帳簿」、そして、請求書や領収書、注文書等を「書類」といい、二つ合わせて一般に「帳簿書類」と呼んでいます。税法では、「帳簿書類」は7年間保存しなければならないことになっています。なお、欠損金が生じた事業年度の帳簿書類は9年間の保存が義務付けられています。しかし、会社法という法律では、「帳簿書類等の保存期間は10年間」とされています。よって、「帳簿」については、税法の規定にかかわらず10年間保存し、請求書や領収書等の「書類」については、税法で定める7年間（欠損金の繰越控除の適用を受ける場合は9年間）保存する必要があります。しかし、たとえ保存期間が定められていても、契約書や決算書類等の重要書類については、永久保存することが大切です。

2 領収書がもらえない場合は支払証明書を発行する

　帳簿への記入は、必ずその証拠となるものが必要となります。しかしながら、慶弔費やバス等の交通費等は、一般的にその証拠としての領収書を受けることができません。

　このような場合には、「旅費精算書」等を作成して、交通費の使用内容を記録保管します。結婚式等は招待状、葬儀等は御礼状等と支払金額等を明記した「支払証明書」（会社でフォームを作成）を領収書の代わりに保管します。

領収書の保管方法

受領した領収書

①証憑書（領収書）綴りに貼りつけていく（のりで貼る）。
②領収書1枚ごとに月初めから連番で番号を付けていく（赤ペン使用）。この連番号が現金出納帳・預金出納帳の番号と一致するようになる。
③領収書は下から上に番号が見えるように少しずつずらして貼っていく。

もらった領収書等の管理は、一連番号を打って、下から上に貼って行く

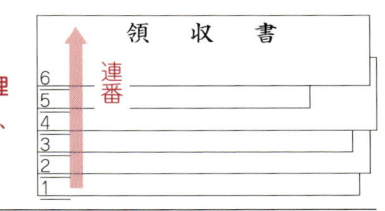

領　収　書
連番
6
5
4
3
2
1

自社発行の領収書

①領収書用紙に一連番号を打っておく（連番を打つことによって白紙領収書が紛失した場合に判明しやすい）。
②書き損じた領収書は控え用紙に添付して保管する。
※レジシートがある場合には、一日ごとに切り取って日付順に重ねて上部を糊付けし、1ヵ月分まとめて封筒に入れて保管。封筒の表には年月を記入する。

④ 領　収　書
　（〇年〇月～〇月）
③（〇年〇月～〇月）
②（〇年〇月～〇月）
①（〇年〇月～〇月）

相手先に送った領収書の控えは1冊ごとに通し番号を入れておく

Point!

☞「書類」は7年間（欠損金の繰越控除の適用を受ける場合は9年間）、「帳簿」は10年間は保存する
☞帳簿書類は事業年度ごとに分けて保存する
☞帳簿書類は原則、紙によって保存する

6 具備すべき帳簿

　企業が行う日々の取引は記録に残さなければなりません。その記録を取るために帳簿を用意します。取引の内容によって使用する帳簿の種類は様々あり、それらがどのような時に使われるのかをしっかりと理解しておくことが大切です。

1　主要簿とは法律で作成が義務付けられている帳簿のことである

　主要簿には「仕訳帳」と「総勘定元帳」の2種類があります。
　「仕訳帳」とは、取引の発生順に、その日付と勘定科目、金額を付けて記入する帳簿です。一人でこなせる場合には、この「仕訳帳」に直接記入できますが、複数の担当者で経理業務を行う場合、1冊の「仕訳帳」に記入していくのは、物理的にも時間的にも困難です。そこで今では「伝票」を採用し、これを「仕訳帳」の代わりにしているのが一般的です。取引を「仕訳帳」や「伝票」に記入したら、勘定科目ごとにその内容を「総勘定元帳」に転記していきます。現金・売上・仕入等諸々の勘定科目がありますが、その勘定科目ごとに仕訳内容を整理した帳簿が「総勘定元帳」です。

2　補助簿とは実務上の必要から任意で作成する帳簿のことである

　「総勘定元帳」では、取引の発生は記録されますが、詳細については把握されません。そのため、取引内容や詳細を記録する帳簿が必要となってきます。これが補助簿です。右図のように数多くあります。この中で、特に取引内容が経営活動に大きな影響を与える現金出納帳、手形記入帳、売上帳、仕入帳、固定資産台帳等は、整備・作成することが望ましいといえます。
　これらの帳簿には、当日か翌日には記帳するようにし、忙しい時でも1週間以内には記帳していくことが大切です。

帳簿の種類

帳簿		種類	内容
	主要簿（必ず備える）	仕訳帳	全ての取引を発生順に記録する
		総勘定元帳	全ての取引を勘定科目ごと日付順に記録する
	補助簿（必要に応じて備える）	現金出納帳	現金の入金・出金・残高を記帳し、何の入金か、使途は何かを記録する
		普通預金出納帳	普通預金の預入、引出、残高を記帳する
		当座預金出納帳	当座預金の預入、引出、残高を記帳する
		受取手形記入帳	約束手形を受取った時に記帳する
		支払手形記入帳	約束手形を振出した時に記帳する
		売上帳	販売した商品（製品・サービス）と金額を記帳する
		得意先元帳	得意先ごとに販売した商品（製品・サービス）・金額（掛）内容を記帳する。売掛金の回収も記帳する
		仕入帳	仕入れた商品（製品・材料）と金額を記帳する。
		仕入先元帳	仕入先ごとに仕入れた商品（製品・材料）・金額（掛け）・内容を記帳する。買掛金の支払も記帳する
		有価証券台帳	株券や社債券の管理をするために使用する
		固定資産台帳	建物・車輛等の固定資産を管理するために使用する
		給与台帳	従業員の給料・賞与・役員への報酬を記帳する

Point!
- ☞ 必ず作成しなければならない帳簿に「仕訳帳」と「総勘定元帳」がある
- ☞ 伝票を採用した場合「仕訳帳」の代わりになる
- ☞ 補助簿は取引内容を詳細に把握するための帳簿である

7 経理処理の流れ

　経理の処理には、帳簿を使った流れとパソコンを使った流れの2通りがあります。実際の業務に当たって、各々どのような流れによって行われているのかを把握しておくことが肝要です。

1　経理処理の流れを知ることは経理業務にとって必要不可欠である

　取引とは、お金に関する全てのモノの出入りのことを言います。これを証拠書類である領収書等の証憑類に従って分析し、「仕訳帳」に記入します。「仕訳帳」に記入した取引は勘定科目ごとに整理する必要があります。このため「総勘定元帳」が用意されます。「仕訳帳」に記入された内容をそのまま「総勘定元帳」に移します。また、重要な勘定科目については、補助簿に記入していきます。そして、記入した内容に誤りがないかどうかを検証するため「試算表」を作成します。次に決算です。その際、作成するのが「決算書」になります。「 2 経理の仕事の流れ」で見てきた大きな仕事の流れを記録に取っていくことが「経理処理の流れ」となります。

2　パソコン会計であっても経理の仕組みを知っておかなければならない

　パソコン会計を導入している会社が数多くあります。もはや常識になりつつあります。仕訳の基本的な科目や入力する金額さえ間違えなければ、仕訳帳（伝票）から総勘定元帳へ書き移す「転記」の手間が要らず、「仕訳帳」から「決算書」まで自動的に出力してくれます。業務の効率化には欠かせないツールですが、その仕組みをしっかりと理解していないと経理業務を全うすることはできません。

経理処理の流れ

＜取引の記録に必要な５つの要素＞

①支払方法 （入金方法）	②取引日 （支払日・入金日）	③取引先	④取引内容	⑤金額

＜経理処理のフロー図＞

帳簿を使ったフロー

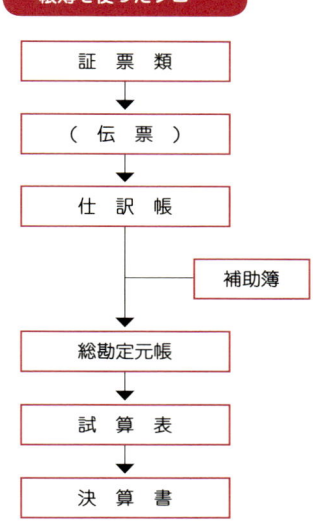

証票類
↓
（伝票）
↓
仕訳帳 → 補助簿
↓
総勘定元帳
↓
試算表
↓
決算書

パソコン使ったフロー

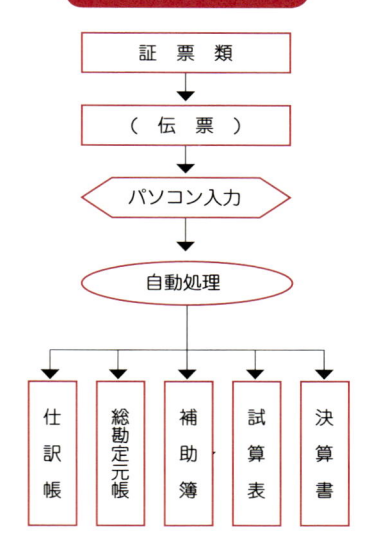

証票類
↓
（伝票）
↓
パソコン入力
↓
自動処理
↓
仕訳帳 / 総勘定元帳 / 補助簿 / 試算表 / 決算書

Point!
☞「経理処理」の流れを「経理の仕事」の流れと併せて把握する
☞パソコン会計は業務効率化のツールである
☞パソコン会計であっても「経理処理」の流れはきちんと知っておく

8 伝票の書き方

　仕訳は「仕訳帳」という帳簿を使うのが本来の方法です。しかし、複数の担当者で経理業務を行う場合、1冊の仕訳帳を使用していくのは物理的にも時間的にも困難です。そこで「伝票」が採用されます。

1　使用する伝票は3種類ある

　仕訳は、取引の順番に「仕訳帳」という帳簿に記入しますが、伝票を使うと日付順に順番を入れ替えることができます。伝票には一般的に「入金伝票」「出金伝票」「振替伝票」の3種類があります。「入金伝票」は現金の入金取引を記録するためのもので、通常赤い枠で印刷されています。そして、「出金伝票」はその逆で、現金の出金取引を記録するためのもので、青い枠で印刷されています。「振替伝票」は、現金以外の取引に使います。

　なお、パソコン会計ソフトを導入している場合は、伝票を起票せず原資記録から直接入力し、「仕訳帳」を作成することができますが、伝票を起票している目的を明確にしておくことが大切です。

2　伝票には記載すべきものが定まっている

　伝票には必ず、①金額②勘定科目③取引のあった日付と、摘要欄に④取引先等の名前⑤取引の内容を、鉛筆でなくボールペン等で記入します。また、伝票の文字や数字の訂正をする時は次のように行います。修正液等を使って訂正することがないようにします。
①訂正する文字や数字の上に2本線を引く
②その上に正しい文字、または数字を書く
③誰が訂正したかわかるように、2本の線の上に訂正印を押す

仕訳帳と伝票類

＜仕訳帳＞

日付	摘　　要	元丁	借　方	貸　方
	（　　　）←借方勘定科目 　　　　　　（　　　　　　） 　　　　　　↑貸方勘定科目		××× ↑借方金額	××× ↑貸方金額

＜伝票の種類＞

入金伝票 No.＿＿＿＿　　　　　　　　　㊞
年　月　日

	入金先　　　　　　　様	
勘定科目	摘　要	金　　額
合　計		

出金伝票 No.＿＿＿＿　　　　　　　　　㊞
年　月　日

	支払先　　　　　　　様	
勘定科目	摘　要	金　　額
合　計		

振替伝票 No.＿＿＿＿　　　　　　　　　㊞
年　月　日

			様		
金　　額	借方科目	摘　要	貸方科目	金　　額	
		合　計			

Point!

☞ 一般的には仕訳帳の代わりに伝票が用いられる
☞ 伝票を起票している目的を明確にする
☞ 伝票にはナンバーを付けて原資記録と照合できるようにしておく

9 総勘定元帳とは

　総勘定元帳は日常の取引を勘定科目別、日付順に整理した帳簿であり、会社の帳簿の中でも最も重要な位置を占める帳簿と言えます。

1　総勘定元帳をみると勘定ごとの取引内容がわかる

　仕訳帳（伝票）をもとに総勘定元帳という帳簿をつける作業があります。仕訳帳から総勘定元帳に書き移すことを「転記」と言います。

　総勘定元帳には、「現金」とか「売上」といったすべての勘定科目ごとに記入箇所（ページ）が設けられています。どういうことかと言うと、仕訳帳は取引のつど仕訳をして記入しますが、総勘定元帳にはこれらを勘定科目別に記入するのです。その結果取引が整理されて、それぞれの勘定科目ごとに増加・減少・残高が明らかになります。

　科目別の記入箇所を「勘定口座（勘定）」と言います。

2　各勘定ごとの累計が求められる

　総勘定元帳は、仕訳帳上でバラバラに散っている勘定科目を「勘定口座」という一つの集計単位ごとにまとめたものと言えます。勘定科目ごとにまとまっているので、知りたい勘定科目の情報をすぐに特定することが可能になります。

　総勘定元帳は「勘定口座」を一つにまとめて、一冊に綴ったものになります。「摘要欄」には仕訳の相手勘定科目を、「仕丁欄」は仕訳帳の転記元のページ数、「借方・貸方欄」には仕訳帳の各々の金額、「借・貸欄」には残高が借方残高の場合は「借」、貸方残高の場合は「貸」と記入します。そして、借方・貸方を計算して残高金額を記入します。これによって、勘定科目ごとの残高が常に把握できることになります。

総勘定元帳

＜仕訳帳（伝票）・帳簿への記入の原則＞

仕訳帳 ─┐
         ├─▶ 総勘定元帳
伝　票 ─┘   補　助　簿

現　金　　　　　売掛金

買掛金Ａ社　　　売掛金Ｂ社

＜総勘定元帳のフォーム＞

勘定科目名

平成〇年	摘　　要	仕丁	借方	貸方	借・貸	差引残高

【例】　　　　　　　　売　掛　金

平成〇年		摘　　要	仕丁	借方	貸方	借・貸	差引残高
5	8	売上　Ｘ商店	1	300,000		借	1,580,000
	10	売上　Ｙ商店	1	200,000		借	1,780,000

【例】　　　　　　　　売　　　上

平成〇年		摘　　要	仕丁	借方	貸方	借・貸	差引残高
5	8	売掛金　Ｘ商店	1		300,000	貸	4,200,000
	10	売掛金　Ｙ商店	1		200,000	貸	4,400,000

Point!

☞ 各勘定科目の現在高が「総勘定元帳」でわかる
☞ 総勘定元帳は勘定科目ごとに整理されたノートと言える
☞ 総勘定元帳から月々ごとにの「試算表」が作成される

第1章　キーワード

用　語	意　　味
ID	コンピュータ等の利用者を識別するもの（身元確認するもの）
会計ソフト	パソコンで経理作業等をやっていくためのソフト
勘定口座	勘定科目別の記入箇所で、勘定ともいう
経営計画	今後どのような考え、方向性で会社を運営していくかを表したもの
経営分析	決算書の数値を分析し、会社の実態、問題点を把握すること
決算	1年間の取引の結果をまとめて、その年の利益と期末の財産の状態を明らかにする締めくくりの作業のこと
決算書	決算で1年間でいくら儲かったか、決算日において資金の状態がどうなったか等をまとめた書類のこと
原資記録	取引が行われたことを証拠づけられる書類で、領収書、請求書等をいう
主要簿	必ず備えなければならない帳簿であり、仕訳帳と総勘定元帳の二つがある
仕訳	取引を勘定科目に分け、借方（左側）、貸方（右側）に分解して表現する方法
仕訳帳	全ての取引を発生順に日付、金額を付けて仕訳する帳簿
社会保険	健康保険と厚生年金保険を合わせたもので、会社は強制的に加入する必要がある

用　語	意　　味
証憑	事実を証明する証拠となるもので、領収書等をいう
書類	決算に関して作成した棚卸表や、業務に関して作成した、または受領した請求書、領収書、納品書等
申告書	税務上の所得を申告する書類
総勘定元帳	全ての取引を各勘定ごとに記載する帳簿
帳簿	総勘定元帳や仕訳帳といった主要簿や、現金出納帳等の補助簿等
伝票	仕訳帳の代替として仕訳するのに用いられ、「入金伝票」「出金伝票」「振替伝票」の３種類がある
取引	お金やモノの出入りに関わる事柄
年末調整	毎月の給与から天引きされた所得税の過不足を計算し、その年最後の給与の時に調整して精算すること
パスワード	秘密保持のための暗証番号や暗唱文字列。パソコン等の利用者が本人であることを確認するために入力する
パソコン会計	コンピュータ上の会計ソフトによって経理作業等を行うこと
補助簿	実務上の必要から任意で作成する帳簿で「現金出納帳」や「売上帳」等がある
労働保険	労災保険と雇用保険を合わせたもので、従業員を雇用する全ての会社に加入が義務付けられている

第2章

簿記の仕組みを
おさえよう！

― 経理の金科玉条 ―

経理は記憶でなく記録が不可欠です。その記録を取るための、帳簿記入に必要な基本を身に付けます。

10 簿記とは何か

　簿記とは「帳簿記入」の略称であり、会社が経営活動によってどれだけの「儲け」を生み、どれ程の「財産」を築いたのかを計算していくものです。

1　簿記とは帳簿に記録・計算・整理することである

　簿記とは「会社を営むことによって生じるお金やモノの出入りを、一定のルールにしたがって帳簿に記録し、集計計算等を行って整理する」ことです。つまり、会社の取引を帳簿に記載する方法のことです。

　また、会社は1年に1度、経営状況がどうなっているかを明らかにするために決算書を作成します。簿記とは、一定のルールに従って能率的かつ正確に取引を分類、整理して決算書を作成する技術でもあります。

2　簿記の目的は「儲け」や「財産」を明らかにすることである

　簿記にはどんな狙いがあって、記録や計算や整理をするのかと言うと、「いくら儲けて（あるいは損して）、財産がどう変化したか」を明らかにするためです。

　例えば、A商店は1,000万円の財産でスタート、最初の1年間で100万円の儲けを出したとします。1,000万円だった財産は、1,100万円に増えています。

　簿記の最終的な目的は、この「儲け100万円」と「財産1,100万円」を明らかにすることです。

　また、簿記では企業の儲けや財産を、原則として1年ごとに区切って計算します。この区切りを「会計期間」と言いますが、始めの日を「期首」、最終日は「期末」（決算日）と言います。

簿記とは何か？

簿記とは

帳簿の付け方を体系的にまとめたルール（仕訳のルール）に従って帳簿に記録し、計算・集計すること。

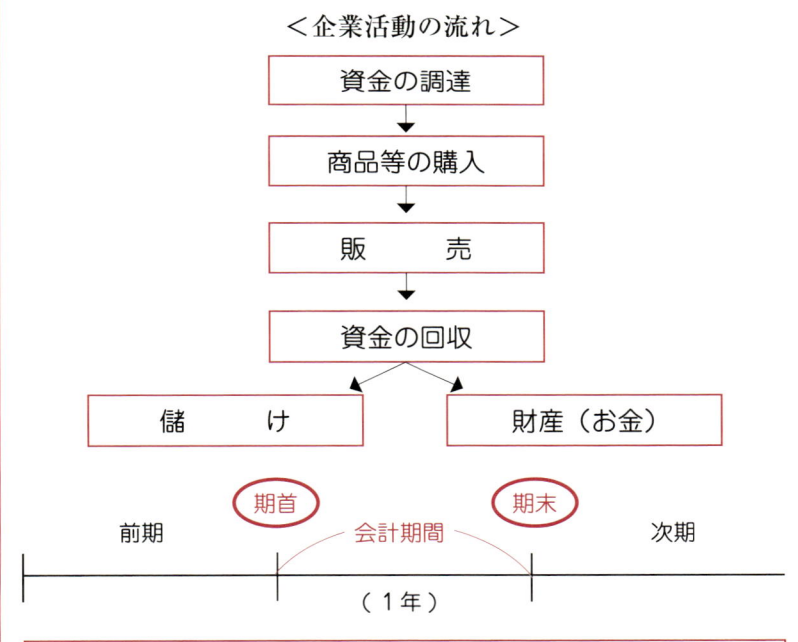

＜企業活動の流れ＞

```
資金の調達
    ↓
商品等の購入
    ↓
  販　売
    ↓
資金の回収
  ↙    ↘
儲　け    財産（お金）
```

前期 ― (期首) ―― 会計期間 ―― (期末) ― 次期
　　　　　　　　　（1年）

- 儲けや財産を原則として1年ごとに区切って計算する
- 期間の初日を「期首」、最終日を「期末」という

Point!
- 簿記は企業活動の流れ、結果を数値によって記録する
- 会社は1年に1度必ず「決算」を実施する
- 会社の「儲け」や「財産」は簿記がベースになって明らかにされる

11 簿記の仕組み

仕訳と呼ばれるルールに従って、日常の取引を帳簿に記入し、その集計を行って、決算書を作成していくという仕組みが簿記にはあります。

1 取引とはお金とモノの出入りのことであり、仕訳という作業を行う

　簿記では、お金やモノの出入りのことを「取引」と言います。仕入れ・販売はもちろん、費用の支払等も取引です。取引が生じるとすぐに「仕訳」という作業を行います（第3章参照）。これは、取引をどのように記録するかを決める最も大切な作業です。

　日々の取引は順番に仕訳して、まず、「仕訳帳」という帳簿に記入します。そして、これを「現金」とか「売上」といった項目ごとに振り分けながら「総勘定元帳」という別の帳簿にも書き移します。帳簿にはほかにも補助的なものが色々あって、例えば「売上帳」という補助簿には、売上の明細をくわしく記録します。つまり、一つの取引が二重にも三重にも記録されるのです。

2 決算とは1年間の経営活動をまとめる作業のことである

　帳簿に記録された1年分の取引は、ぼう大な量になります。この総まとめがいわゆる「決算」です。めでたく決算が済むと、その決算内容をまとめた主だった二つの書類が作成されます。

　一つを「損益計算書」といい、これを見ると1年間の「儲け」がわかります。もう一つは「貸借対照表」といって、決算日現在の「財産」の状態を表します。

　「儲け」を表す「損益計算書」と「財産」の状態を表す「貸借対照表」の完成が簿記の最終目標と言えます。

簿記の仕組み

取引とは

簿記のスタートである「取引」とは、お金に関する全ての経済活動をいう。仕入れ、販売はもちろん、金庫のお金が盗まれた場合も「お金が動いた」ので取引となる。

```
日々の取引を帳簿に記入
         ↓
各勘定に振り分ける（仕訳）
         ↓
各勘定の金額を集計し、
1年分をまとめて決算書を作成
       ↙   ↘
  損益計算書    貸借対照表
     ⇩           ⇩
 1年間の儲けが   財産の状態を
   わかる        表す
```

簿記は取引を整理して決算書を作る技術である

Point!
☞ 簿記には一連の流れがある
☞ 決算の時、作成される書類を総称して「決算書」と呼ぶ
☞ 「儲け」と「財産」を明らかにするために帳簿記入が行われる

12 資産・負債・純資産・費用・収益について

　簿記のゴールは損益計算書と貸借対照表を作成することですが、そのために、最初に覚えておかなければならないのが「資産」「負債」「純資産」「費用」「収益」という5つの言葉です。

1　資産・負債・純資産は貸借対照表、費用・収益は損益計算書を構成する

　簿記のゴールは損益計算書と貸借対照表を作成することですが、それらを構成している用語があります。「資産」「負債」「純資産」「費用」「収益」という5つの言葉です。

　このうち、「資産」「負債」「純資産」の三つは会社の財産に関係するもので、貸借対照表を作成するのに必要となります。そして、「費用」「収益」は、儲けを表す損益計算書を作成するために必要となります。これら5つはそれぞれがさらに細かく分かれて、貸借対照表と損益計算書に表示されることになります。

2　勘定科目とは取引を仕訳する時に必要となるものである

　取引は、「資産」「負債」「純資産」「費用」「収益」という5つの要素のどこかに当てはまります。しかし、この5つの要素だけでは、どのような内容かが不明です。

　そこで、各々の要素をより詳細に表現するために、「勘定科目」を使用します。日常の取引を、同じ性質のもの同士を集めることで整理します。この作業を「勘定」といい、各々の集計される科目を「勘定科目」と言います。そして、それは、誰にでもわかるよう共通の名称として決められています。

　例えば、お金は「現金」、社内の机や椅子はまとめて「備品」、自動車やオートバイは「車両運搬具」といった具合です。

貸借対照表・損益計算書の構成

<資産・負債・純資産は貸借対照表を構成>

貸借対照表

資　産	負　債
	純資産

<費用・収益は損益計算書を構成>

損益計算書

費　用	収益
（利　益）	

* 「貸借対照表」「損益計算書」は原則、左右に区分けされて表示される
* 「貸借対照表」「損益計算書」は、「資産」「負債」「純資産」「費用」「収益」に属する勘定科目で表示される

勘定科目
- 取引をその性質ごとに分類する時の項目であり、取引の集計単位となる
- 会社の業績、業態によって、標準的なものが決められている

Point!
☞ 取引は「資産」「負債」「純資産」「費用」「収益」のどこかに属する
☞ 取引内容をよりわかりやすくするために勘定科目が使われる
☞ 貸借対照表と損益計算書は各々の勘定科目で表示される

13 資産グループの勘定科目

　貸借対照表を構成し、左側に表示される「資産」は、その内容によって「財貨」と「債権」に区分けることができます。それぞれに属する勘定科目にどのようなものがあるかをしっかりと捉えます。

1　資産は大きく二つに分類できる

　資産とは、調達した資金をどのように使っているかという資金の運用状態を表しており、再び資金に戻すことができるものをいいます。これは大きく「財貨」と「債権」に分かれます。

　「財貨」とは、現金、預金、商品、建物等で、会社が所有するもののうち財産価値があるものをいいます。また、「債権」とは、売掛金、受取手形といったもので、会社が将来第三者より金銭を受取れる権利のことをいいます。この二つの分類によって、資産を構成する勘定科目が成り立っています。

2　資産にはどのようなものがあるかしっかりと把握する

　資産を構成している代表的な勘定科目は、「勘定科目早引き表」に記載されているものです。この勘定科目の中で、いくつかの注意点があります。その一つとして小切手の取扱いがあります。

　原則として、「小切手」という勘定科目は使用しません。そこで、顧客等から受領した場合は、「現金」勘定で、振出した場合には「当座預金」勘定で記録されることになります。また、経理では、時間的区切りとして、1年以内のものを「短期」、1年以上のものを「長期」として区分けします。勘定科目の中に「貸付金」がありますが、1年以内で返済する約束で貸付けた場合は「短期貸付金」、1年以上の場合は「長期貸付金」となります。また、「原材料」や「商品」「製品」といった勘定科目は、在庫品を表します。

資産と勘定科目

資　産
- 貸借対照表を構成
- 会社が所有する現金、製品、建物、土地、債権等会社の財産

＜資産の2分類＞

	財　貨	債　権
意味	会社所有で財産価値のあるもの	将来第三者より金銭を受取れる権利
勘定科目	現金・当座預金・普通預金・積立定期預金・商品・製品・原材料・仕掛品・有価証券・建物・土地・機械・車輌運搬費・備品　等	売掛金・受取手形・貸付金・未収金　等

＜短期と長期の区分け＞

短　期	長　期
1年以内に到来するもの	1年以上にまたがって到来するもの

＜小切手の処理方法（勘定科目）＞

当社振出しの小切手	他社振出しの小切手
当座預金	現金

Point!
☞ 資産を構成しているものは「財貨」と「債権」に区分けされる
☞ 「小切手」という勘定科目は原則使用しない

14 負債・純資産グループの勘定科目

貸借対照表を構成し、右側の上部に表示される「負債」と、下部に表示される「純資産」に属する勘定科目にどのようなものがあるか捉えます。

1 負債とは将来返済しなければならない債務のことである

負債とは、会社が負っている諸々の債務のことです。つまり、銀行等から借入をしたり、モノを買った代金が未払いである等、将来何らかの支払をしなければならない債務のことです。資産が会社の所有する財産であるのに対し、負債は将来の支払債務を意味しますので、マイナスの財産とみることもできます。

負債は、買掛金や支払手形等仕入等営業上生ずるものと、借入金、預り金等、その他のものに大きく分けることができます。代表的な勘定科目は「勘定科目早引き表」に記載されているものです。

2 純資産は株主からの出資部分とその後の損益部分と評価の部分に分けられる

会社の経営は、株主からの出資金を元手にスタートします。「純資産」とは、この出資金のことと考えます。しかし、会社では毎年利益または損失が出ますので、これも純資産に加算したり減算したりします。つまり、最初の出資金に毎年の利益（または損失）の蓄積分を合計したものが、純資産ということになります。毎年儲け（利益）が出ていれば、会社の純資産は年々膨らんでいきます。逆に、赤字（損失）が出てしまった年は、その分だけ純資産が減ってしまうことになります。蓄積された利益は、今後の事業を行うための原資となりえるのです。なお、「評価・換算差額等」とは資産の時価評価を純資産に反映させたものです。

負債・純資産と勘定科目

負債

- 貸借対照表を構成
- 将来何らかの支払をしなければならない債務のこと

<負債の2分類>

	営業上のもの	その他のもの
意味	営業にかかわる債務	その他返済しなければならない債務
勘定科目	買掛金・支払手形・前受金 等	短期借入金・長期借入金・未払金・未払費用・預り金 等

<買掛金と未払金の違い>

買掛金	未払金
商品等を仕入れて代金が未払いのもの（掛仕入金）	商品等以外のものを購入して代金が未払いのもの

純資産

- 貸借対照表を構成
- 会社は株主からの出資金を元手にスタートする。この出資金と毎年の利益（損失）の蓄積分と時価評価価額を合計したもの

純資産	株主資本	株主からの出資の部分	資本金
			資本剰余金
		会社が稼ぎ出した損益の部分	利益剰余金
			自己株式
	評価・換算差額等	資産の時価評価を純資産に反映	

Point!

☞ 負債とは会社が負っている返済しなければならない債務のことである
☞ 資産と負債の差額である純資産は正味の財産額を示す
☞ 利益の蓄積も純資産を構成する

15 貸借対照表とは何か

　貸借対照表とは営業年度（通常1年間）が終わった時点での会社の財政状況の内容を一覧表形式で示したもので、会社にどれだけの財産や借金、元手があるかということがわかる書類です。

1　貸借対照表から決算日の財産の状況がわかる

　貸借対照表はバランスシート（B/S）と呼ばれており、決算日時点での会社の財政状態、つまり、どのような財産（資産、負債）をどれくらい保有しているかを勘定科目と金額を用いて表示したものです。

　勘定科目は、資産であれば現金化しやすい順に、負債であれば早く支払わなければならない順に並べていきます。貸借対照表は、会社にあるプラスの財産（資産）、マイナスの財産（負債）とその差額（純資産）が一目で分かる一覧表です。

　会社がどれくらい儲かっているかを知ることは、もちろん大切ですが、会社が持っている財産の状況を知ることも同時に必要です。

2　純資産の金額が全て金庫に保管されているのではない

　資産と純資産とは同じような言葉で混同しやすいですが、全く異なるものです。資産は文字通り会社の財産ですが、純資産は資産と負債との差額であり、株主の持ち分を意味します。返済することのない「株主に対する負債」と読み替えるとわかりやすいです。

　ですから、純資産の額は、会社の規模を示すものでも会社にある現預金の残高を示すものでもないのです。

　株主の持ち分を資産と負債の差額で表わした金額であると捉えることが大切です。

貸借対照表のフォーマット

貸借対照表
平成○年○月○日現在

資産			負債・純資産	
現　　　金	400	支払手形	700
売　掛　金	200	買　掛　金	400
・	・	借　入　金	500
・	・	資　本　金	1,000
土　　　地	・	利益剰余金	400
	3,000		3,000

（左側：資産／右上：負債／右下：純資産）

$$資産 = 負債 + 純資産$$

目に見えるもの	目に見えるもの	目に見えない概念的なもの
会社が所有し、お金を尺度として評価することができ、将来に利益をもたらすことが期待されているもの	将来的に返済の必要がある経済的な負担	会社にとっての蓄え

→ **資金の運用**　　　→ **資金の調達**

Point!
☞ 貸借対照表をバランスシート（B/S）と呼ぶ
☞ 貸借対照表は決算日現在の財産の状態を明らかにする
☞ 貸借対照表は資金の調達と運用の状態を表している

16 収益グループの勘定科目

　収益とは、資金（お金）が増加する原因となるもので、会社を運営していく上で必ず発生する売上の他にもたくさんのものがあります。

1 収益と利益は意味が違う

　日常会話では、収益も利益も同じような意味で用いることがありますが、簿記では区別します。簿記でいう収益とは、利益を生み出すもとになる収入の総額（掛販売のような将来の収入も含みます）を意味し、その代表格が「売上」です。これに対し、「利益」は、そこから費用を差し引いた、残りの"儲け"のことを指します。収益は、取引内容によっては費用と相殺される場合もありますが、総額で示さなければなりません。また、損益計算書上「収益」を構成しているものに「特別利益」がありますが、言葉に惑わされないようにすることが必要です。

2 収益の認識は実現主義にもとづいて行う

　実現主義というのは、例えば、売上高は販売の実現を持って計上するという原則です。
　注文を受けた段階で計上したとすると、製品や商品は手元に残ったままで顧客にも引渡されておらず、本当に引渡されるかどうか未確定の状態で売上に計上されてしまうことになります。これでは売上計上に不確定要素が含まれてしまいます。売上計上は、商品や製品の販売やサービスの提供によって実現したものに限られ、未実現収益を計上することはできません。なお、収益は、金銭の授受に関係するものではなく、お金の入りである「収入」とは異なります。よって、利益は算出できたもののお金がないという事態も生じます。

収益と勘定科目

収 益
- 損益計算書を構成
- 利益を生み出すもとになる収入の総額（将来の収入等も含む）

＜収益と利益の違い＞

収益

費用	利益
1,000万円	200万円

収益 1,200万円 － 費用 1,000万円 ＝ 利益 200万円

損益計算書上収益を構成するグループ		代表する勘定科目
売上高	収益の源。会社の経営成績を考える際のベースになるもの	売上高
営業外収益	主たる営業活動以外から生じる収益が生じた時に計上	受取利息、受取手数料、受取配当金、有価証券売却益、雑収入等
特別利益	臨時的でイレギュラーな事象により収益が生じた時に計上	固定資産売却益等

＜収入と収益との違い＞

収 入	収 益
資金（お金）の入り	資金の授受は関係なく物品等が引渡された時に計上

※売上等は、実際にお金の入りに関係なく引渡した時点で計上されるので、手元のお金とは異なる。「実際にはお金がないのに、利益は出ている」こともありえる。

Point!
☞ 収益は資金が増える原因となるものである
☞ 収益の代表格が「売上」である
☞ 収益は費用と相殺せず総額で表示する

17 費用グループの勘定科目

　費用とは、会社の営業活動の成果である収益を上げるためのいわば犠牲になっているもので、金銭の支出の原因となるものです。製品や商品の仕入の他、たくさんのものがあります。

1　経費は簿記上では費用という

　仕入や給料等といった費用は、売上等の収益を得るためにかかったコストのことをいいます。一般的には、経費と言われることが多いのですが、簿記上では費用という用語を用います。費用は大きく「人」「物」「販売」「管理」等に分類することができます。「人」に関しての代表的な勘定科目には、給料、法定福利費、「物」は賃借料や修繕費、「販売」は広告宣伝費、接待交際費、「管理」は通信費、水道光熱費等があります。
　このように分類・整理していくことによって、その内容をより詳しく把握できるようになります。

2　費用は製造にかかる費用とそれ以外の費用に区分けされる

　費用には販売や管理にかかわるものと製造にかかわるものがあります。
　例えば、同じ給料でも、営業や事務に携わる社員の給料と製造部門の社員の給料があります。また、電気料金も事務所のものと工場のものとがあります。こうした費用については区分けして、集計、計算する必要があります。
　製造にかかった費用は、決算書の一つである「製造原価報告書」に明記しなければならないことになっています。製品を製造している製造業や建設業等は、必ず費用を区分けして勘定科目を設定しなければなりません。

費用と勘定科目

費 用
- 損益計算書を構成
- 収益を得るためにかかったコスト

＜4分類による主だった勘定科目＞

人	給与手当、法定福利費、福利厚生費 等	販売	広告宣伝費、接待交際費、旅費交通費 等
物	賃借料、地代家賃、備品消耗品費 等	管理	通信費、水道光熱費、事務用消耗品費 等

＜費用グループの区分け＞

損益計算上、費用を構成するグループ		代表する勘定科目
売上原価	売上を上げるために直接かかったコスト	仕入、期首商品棚卸高 期末商品棚卸高 等
販売費及び一般管理費	売上を上げるために営業活動上、かかった費用と会社を管理していくためにかかった費用	上記の「4分類による主だった勘定科目」
営業外費用	営業活動以外から生じる費用項目を計上する 費用の主なものは金融費用	支払利息割引料 手形売却損 雑損失等
特別損失	臨時的でイレギュラーな事象が生じた時に計上	固定資産売却損 等

＜支出と費用との違い＞

支 出	費 用
資金（お金）が実際に出て行くこと	資金の引渡しに関係なく物品やサービス等が行われた時、計上

※仕入等は、資金の支払に関係なく、物品等を受取った時、計上するので、手元のお金とは異なる。

Point!
☞ 費用は第三者への支出の原因となるものである
☞ 費用を「人」「物」「販売」「管理」に分類すると把握しやすくなる
☞ 費用は販売や管理にかかわるものと製造にかかわるものとを区分けする

18 損益計算書とは何か

損益計算書とは、会社が1年間どれだけの売上を獲得し、粗利益を稼ぎ、そのためにいくらの経費や人件費を使って利益額が算出されたのか、一覧表形式で示した書類です。

1 損益計算書で示されるのは1年間の経営成績である

損益計算書は、会社の利益を明らかにするための書類です。会社が1年間にどれだけ収益をあげ、そのためにどれだけ費用がかかり、その結果、利益がいくら算出できたのかを明らかにするためのものです。したがって、損益計算書には、すべての費用と収益を集めることになります。

損益計算書は、P/L（プロフィット・アンド・ロスステートメント）と呼ばれています。

2 左側に費用、右側に収益を並べる

損益計算書には、いくつかの表示方法があります。その一つに勘定式というのがあり、これは表を左右に区切るもので、貸借対照表と同じように、左側に費用、右側に収益を並べます。そして、収益から費用を差し引いて利益を計算し、左側の費用の下に「当期純利益」として表示します。収益－費用＝利益になっています。

もう一つ報告式と呼ばれるものがあります。これは、収益の源である売上高から表示していくスタイルで、当期純利益をどのように算出してきたのかのストーリーがつけられたものです。この報告式のスタイルを活用している会社がほとんどです。

いずれにしても、損益計算書を見れば、収益や費用の合計と、利益が一目でわかります。

損益計算書のフォーマット

［勘定式］

損益計算書
平成○年○月○日から平成×年×月×日

費用	売上原価（仕入れ）	1,500	売上高	2,000	収益
	給　料	300	受取利息	200	
	・		・		
	・		・		
	・		・		
利益	当期純利益	200	利益剰余金	・	
		5,000		5,000	

［報告式］

損益計算書
自　平成○年○月○日
至　平成×年×月×日

売上高	2,000
売上原価	1,500
売上総利益	500
販売費及び一般管理費	
役員報酬	×××
販売員給与	300
○○○	×××
営業利益	×××
営業外収益	
○○○○	×××
営業外費用	
○○○○	×××
経常利益	×××
特別利益	
○○○○	×××
特別損失	
○○○○	×××
税引前当期純利益	×××
法人税等充当額	×××
当期純利益	200

Point!

- 損益計算書は1年間の儲け（経営成績）を示し、P/Lと呼ぶ
- 損益計算書は収益と費用を表示し、その差額として当期純利益を示す
- 損益計算書は報告式のフォームが一般的である

勘定科目　早引き表

よく使われる勘定科目を一覧にしました。仕訳時に活用して下さい。

＜主な資産の勘定科目＞

勘定科目	意　味
現金	紙幣、硬貨をはじめ、他人振出しの小切手、郵便為替証書等
当座預金	小切手や手形を振出すことのできる預金
普通預金	出入れが自由で財布代わりになる預金
定期預金	積立の満期日を設け、一定期間は引出せない預金
受取手形	営業取引により受取った約束手形等
不渡手形	受取手形のうち決済されずに手元に返却された手形
売掛金	商品や製品の掛売上による未収のもの
有価証券	一時的に所有する市場性のある株券や社債等
商品	販売することを目的に買い入れ、売れ残っている物品
製品	販売することを目的に製造したもので売れ残っている生産品
原材料	製品を製造するための材料で、まだ製造に役立てられていないもの
仕掛品	製品の製造途上にあるもの
貯蔵品	包装材料や消耗品等で、まだ使用されていないもの
前払金	商品や製品等の仕入をする際に前払したもの
前払費用	既に支払った保険料等で、次期以降に費用となるもの
未収収益	期日未到来の未収利息等、まだ受取っていないもの
未収金	販売目的以外の代金で、未収のもの

勘定科目	意　味
短期貸付金	貸付金のうち、1年以内に返済を予定されているもの
仮払金	仮に支出したもので、まだ精算が未了なもの
立替金	取引先が支払うべきものを会社が一時的に立替払いしたもの
建物	事務所、工場、倉庫、店舗等
構築物	駐車場の舗装等土地の上に定着する土木設備等
機械装置	製品を製造するために使用する工作機械等
車輌運搬具	業務上必要とする乗用車、トラック等
工具・器具・備品	工具、机、パソコン等
土地	事務所や工場、倉庫等の敷地
電話加入権	電話設備を利用する権利
投資有価証券	長期所有、又は市場性のない有価証券等
創立費	会社の創立登記までに必要な費用
試験研究費	新製品等の試験研究のためにかかった費用

＜主な負債の勘定科目＞

勘定科目	意　味
支払手形	商品等の支払のために振出した手形
買掛金	商品や原材料等の掛仕入による仕入代金の債務
短期借入金	借入金のうち1年以内に返済を予定しているもの
前受金	商品や製品等の売上等で得意先から受取った手付金や内金のこと
仮受金	現金の受入があったもののその精算が未了なもの
未払金	車輛等の購入等本来の営業取引以外から生ずる債務
未払費用	期日末到来の利息や家賃等当期の未払のもの
前受収益	当期中に受取った貸付金の利息等で次期以降の収益に属するもの
預り金	源泉所得税や保証金等、一時的に預っているもの
未払法人税等	法人税や住民税等の未納税額
貸倒引当金	金銭債権のうち貸倒見積額を費用計上したもの
社債	社債を発行した場合の社債の額面金額
長期借入金	借入金のうち1年以上にまたがって返済していくもの

＜主な純資産の勘定科目＞

勘定科目	意　味
資本金	株主からの出資額
資本剰余金	資本金に組み入れない株主出資額
利益剰余金	剰余金の分配の時のため等の利益蓄積額
自己株式	自社で取得した自社の株式

＜主な費用の勘定科目＞

勘定科目	意味
仕入	商品や原材料を購入した時に用いる
給料手当	従業員に支払われる給料や諸手当等
役員報酬	役員に対する報酬
法定福利費	社会保険料や労働保険料等の会社負担分
福利厚生費	制服支給や社員旅行等、従業員等の福利や厚生に関する費用
広告宣伝費	商品等のポスターや看板等広告宣伝のためにかかった費用
荷造運賃	商品や製品等の発送にかかった宅急便、トラック便等の費用
通信費	電話代や郵便代等通信のためにかかった費用
水道光熱費	水道代、電気代、ガス代等の費用
旅費交通費	従業員や役員の業務のための出張費や日当等の費用
会議費	会議のための会議室使用料、食事代等の費用
接待交際費	事業上必要な接待、贈答、手土産等の費用
備品消耗品費	消耗工具、器具、備品等の費用
事務用消耗品費	ペンやノート等、事務用品の費用
修繕費	建物、車輌等の修理、メンテナンス等の費用
租税公課	事業税、印紙税、固定資産税等費用として計上することが認められている税金等
賃借料	機械、車輌等の賃借（リース料等）にかかわる費用
支払保険料	火災保険料や自動車保険料等で当期の費用になるもの

勘定科目	意　　味
支払手数料	仲介手数料、販売手数料等手数料にかかわる費用
地代家賃	建物や土地を借りている場合の賃借料
新聞図書費	新聞、雑誌の購読料や図書文献類の購入費用
減価償却費	機械・車輌等の価値が毎年減少していく金額を計上する費用
雑費	金額が少なく、どの勘定にも計上することが不適当な費用
支払利息 （割引料）	金融機関等からの借入金に対する利息支払等
手形売却損	金融機関で手形を割引いた際の割引料
有価証券売却損	株式等を帳簿価額よりも低い価額で売却した際に生ずる損失
固定資産売却損	保有している車輌等を帳簿価額よりも低い値段で売却した際に生ずる損失
有価証券評価損	保有している株式等の決算日の時価が帳簿価額より下回っている場合、その差額を費用として計上する
雑損失	設定した勘定科目に属さない費用

<主な収益の勘定科目>

勘定科目	意味
売上	商品や製品を販売した時に用いる
受取手数料	販売手数料や仲介手数料等斡旋手数料
受取利息	預金や貸付金等に対応する利息額
受取配当金	保有している株式等に対する配当金
有価証券売却益	保有している株式等を帳簿価額よりも高い値段で売却した際に生ずる利益
固定資産売却益	保有している車輌等を帳簿価額よりも高い値段で売却した際に生ずる利益
雑収入	補助金や助成金等設定した勘定科目に属さない収益

第2章　キーワード

用　語	意　味
会計期間	一定の期間をいい、事業年度、会計年度とも呼ばれている。一般的には1年間が多い
貸方	簿記のルールで左右に分けて表示するときの右側のこと
株主	資金を会社に拠出した出資者
借方	簿記のルールで左右に分けて表示するときの左側のこと
勘定科目	簿記の計算単位となる各勘定に対して与えられた名称
勘定式	左右に区分けして表示する方法
小切手	持参人に対して、小切手用紙に記載された金融機関で現金と引き換えることを約束する証券
財貨	会社が所有する財産として価値のある品物や金銭等
債権	将来お金やモノを受けることができる権利
債務	将来お金やモノを支払わなければならない義務
財政状態	営業活動に投下された資金を、どこからどのような条件で受けているかという資金の調達状態と、その資金をどのように使っているかという資金の運用状態のこと
資産	会社が所有している財産や権利のこと

用　語	意　味
実現主義	売上計上は原則として商品の販売やサービスの提供が実現したものに限られ、未実現収益は計上できないこと
収益	利益を生み出すもとになる収入の総額（将来の収入等も含む）
出資金	株式の資本の元入れ。資本金
人件費	給料、賞与、退職金の他、会社が負担する社会保険料、労働保険料等の法定福利費と福利厚生費を加えたもの
純資産	株主からの出資金や会社に貯蓄された利益
製造原価報告書	製品を作るのにかかった費用の明細書
損益計算書	会社が決算日までの1年間、どれだけ収益を獲得し、どれだけの費用がかかり、利益を残したかを表示した書類
貸借対照表	決算日現在の会社の財産の状況、つまり、資金をどのように調達し、その結果、何に運用したのかを表示した書類
費用	儲け（利益）の計算上収益から差し引かれるもので、金銭の支出の原因となり、一般的には経費と呼ばれる
負債	会社が負っている支払や返済の義務、借金
報告式	損益計算書のスタイルの一つ。上から下に損益を計算する形になっており、計算の過程を段階的に示す方法
簿記	帳簿の付け方を体系的にまとめたルールで、帳簿記入の略称

第3章

仕訳の基本を
マスターしよう!
― 経理のコックピット ―

　複雑そうに見える仕訳も、ポイントをおさえればスムースにできるようになります。簿記の出発点である仕訳のルールと仕組み、そして、その基本パターンをマスターします。

19 仕訳とは何か

　簿記では取引が発生すると、その取引内容を資産、負債、純資産、収益、費用の5つの要素に分解し、左側（借方）と右側（貸方）に分ける作業を行います。この手続きを仕訳といい、簿記の基本となる極めて重要な手続きです。

1　仕訳は簿記のスタートである

　会社では、お金やモノの出入りに関わる事柄（これを「取引」と言います）が毎日たくさん生じています。そしてこれらの取引を帳簿に記録するのですが、簿記には"仕訳のルール"というものがあり、このルールにしたがって記録を行うことになっています。

　取引を帳簿に記録する作業は、簿記全体の流れでは最初の部分に位置づけられます。当然、この記録をルール通りに行わないと、最終的に正しい損益計算書や貸借対照表ができあがってきません。というわけで、仕訳のルールをしっかり身につけておく必要があります。

2　借方、貸方に分けるのが仕訳である

　会社では毎日たくさんの取引が生じています。これらを帳簿に記録するときには、ルールにしたがって、帳簿の左右に区別して記録します。簿記では左側を「借方」、右側を「貸方」と言います。

　例えば、「商品￥10,000を売上げて現金を受取った」という取引では、勘定科目を使って借方（左側）に「現金￥10,000」、貸方（右側）に「売上￥10,000」と記入します。

　仕訳とは、取引ごとに左側の借方の勘定科目と右側の貸方の勘定科目に分けて、金額をつけて記録することを言います。

仕訳の方法

取引を左側（借方）、右側（貸方）に分け、貸借対照表と損益計算書のそれぞれの勘定について、それが増加する場合にはその本来のポジションに、逆に減少する取引では反対側のポジションに記入する。

＜貸借対照表の勘定＞

資産の勘定

借方	貸方
増加	減少

借方	貸方
資　産	負　債
	純資産

負債の勘定

借方	貸方
減少	増加

純資産の勘定

借方	貸方
減少	増加

＜損益計算書の勘定＞

費用の勘定

借方	貸方
増加	減少

借方	貸方
費　用	収益
利　益	

収益の勘定

借方	貸方
減少	増加

仕訳を記入するもの
→ 仕訳帳
→ 伝　票
（一般的には伝票使用が多い）

Point!

- ☞「借方」「貸方」という言葉に惑わされない
- ☞「借方」「貸方」という言葉は単なる記号と捉える
- ☞仕訳は勘定科目を使って左右に区分けして、金額をつけて表示する

20 取引の二面性

取引には相対する二つの流れがあり、どんな取引を仕訳する場合にも二つ以上の勘定科目が関わってきます。

1　取引は相対する二つの面を持つ

　簿記上の取引には、相対する二つの流れがあります。「原因」と「結果」です。例えば、「商品を100円で現金販売した」とします。このケースでは、「結果」として現金という資産が100円増えました。その「原因」は、商品を販売したことにあります。

　このように、全ての取引に「原因」と「結果」があるのです。つまり、どのような取引を仕訳する場合にも、二つ以上の勘定科目がかかわってくることになります。

　どんな取引も二つの側面を持っています。これを「取引の二面性」といいます。

2　取引の二つの面は金額的に等しい

　取引には「原因」と「結果」という二面性があり、これを勘定科目を使って表現しています。

　しかし、取引は勘定科目を二つだけ使用するとは限りません。上の例で言えば、現金のみの売上ではなく、売上の一部がツケになった場合には、売上、現金の他に「売掛金」も用います。

　つまり、このケースでは、仕訳には三つの勘定科目が用いられ、借方と貸方の両方に勘定科目が入ることになります。しかも、左右に区分けされたそれぞれの合計の金額は、必ず一致します。

取引の二つの流れ

<商品を現金販売>

会社 →（販売）→ 顧客
会社 ←（代金回収）← 顧客

<借入金を現金で返済>

会社 →（返済）→ 銀行
会社 ←（借入の解消）← 銀行

<商品を現金仕入>

会社 →（現金の支払）→ 仕入先
会社 ←（仕入）← 仕入先

⇩

- 取引は二つ以上の勘定科目で仕訳される
- どんな取引も二つの側面をもっている

Point!

☞ 取引には「原因」と「結果」がある
☞ 取引の二面性を理解することが仕訳攻略の基本となる
☞ 取引の二つの面の金額は同額となる

21 仕訳のルール

　仕訳は、日々の取引にもとづいて勘定科目の増減を左右に分けて記入することであり、左右に記入した金額は同額となり、バランスが取れることになっています。

1　勘定科目を振り分けるには基本がある

　「資産」と「費用」の二つは資金が出ていく原因となるもので、仕訳で表す時には原則として借方（左側）に出現します。これらが貸方（右側）に出現するのは、「資産」と「費用」が減少する場合です。また、「負債」、「純資産」、「収益」の三つは、資金が入ってくる原因となるもので、原則として貸方（右側）に出現します。これらが借方（左側）に出現するのは、「負債」、「純資産」、「収益」が減少する場合です。

　つまり、資金が入ってきた原因を貸方（右側）に書き、資金が出ていった原因を借方（左側）に書くのが仕訳のルールです。

2　仕訳の基本は8つの要素と13のパターンである

　取引は、「資産」の増加・減少、「負債」の増加・減少、「純資産」の増加・減少、「収益」の発生、「費用」の発生という8つの要素に集約することができます。そして、これらが生ずる原因となるものの組み合わせは、右図のように13のパターンに区分けされます。取引は、必ずこの13のパターンの中で行われていることになります。

　取引がどういった「資産」「負債」「純資産」「収益」「費用」の増加、減少の組み合わせになっているかを把握した上で、各々に属している勘定科目を借方（左側）と貸方（右側）に振り分けることが大切です。

仕訳のルール

<仕訳のポジション>

① 資　産（の勘定科目）が増えたときは借方（左側）に記入する。
② 資　産（の勘定科目）が減ったときは貸方（右側）に記入する。
③ 負　債（の勘定科目）が増えたときは貸方（右側）に記入する。
④ 負　債（の勘定科目）が減ったときは借方（左側）に記入する。
⑤ 純資産（の勘定科目）が増えたときは貸方（右側）に記入する。
⑥ 純資産（の勘定科目）が減ったときは借方（左側）に記入する。
⑦ 費　用（の勘定科目）が生じたときは借方（左側）に記入する。
⑧ 収　益（の勘定科目）が生じたときは貸方（右側）に記入する。

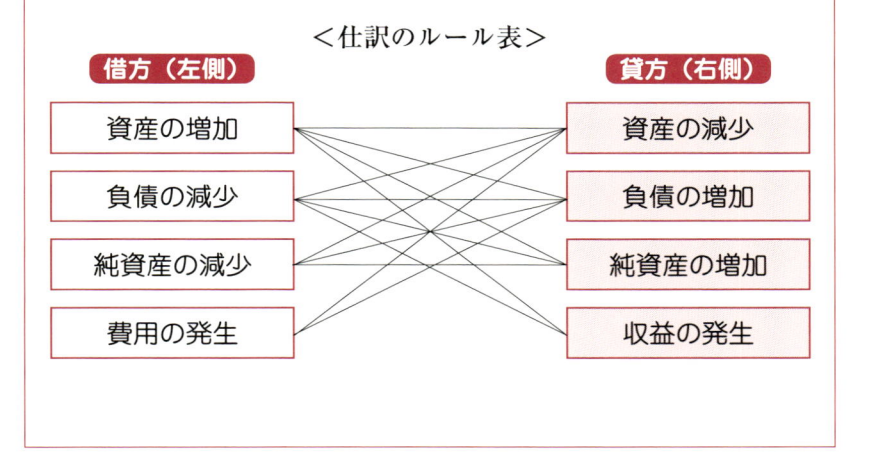

<仕訳のルール表>

借方（左側）	貸方（右側）
資産の増加	資産の減少
負債の減少	負債の増加
純資産の減少	純資産の増加
費用の発生	収益の発生

Point!

☞ 取引は借方（左側）と貸方（右側）の組み合わせで成り立っている
☞ 各勘定科目のポジション（位置）はもともと左右どちらかに決まっている
☞ 取引ごとに各々決められている勘定科目のポジションに記入する。ただし「減少」の場合は逆側に記入する

22 実際に仕訳をやってみよう

　仕訳では、必ず借方・貸方に勘定科目、金額を記入し、借方・貸方のそれぞれの合計金額は、必ず一致します。迷った場合は分かる側から記入をするのがコツです。

1　現金・仕入・売上関連の仕訳方法をまず押える

　通常は、現金、仕入、売上関連の取引が大半です。そこでまずこの３種についての仕訳方法をおさえておくことが大切です。現金は資産グループに属しているので、本来のポジションは借方（左側）にあります。そこで、現金が増加した場合、［現金×××／相手勘定科目×××］となり、減少した場合は、［相手勘定科目×××／現金×××］となります。また、仕入は費用グループで、本来のポジションは借方（左側）にあります。したがって、［仕入×××／相手勘定科目×××］となります。売上は収益グループで、本来のポジションは貸方（右側）にあります。売上があった場合、［相手勘定科目×××／売上×××］となります。

2　複雑な仕訳はわかりやすいものから攻略する

　仕訳は、頭での理解や暗記よりも、慣れるほうが重要です。慣れてくれば取引が発生すると、瞬時にある程度仕訳できるようになります。まずは最もわかりやすい現金の入出金から仕訳を行います。そのあと順次、仕入、売上関連といった比較的わかりやすい勘定科目を記入していきます。最後に借方（左側）、貸方（右側）の合計額が一致することを手掛かりに、相手勘定科目を考えて記入していきます。わかりやすい方から記入していくことが大切です。一つの取引は借方（左側）と貸方（右側）に区分けされるので、一つが分かれば相手の勘定科目もわかるようになってきます。

貸借対照表の勘定

資産と負債、それぞれ増加する場合は本来のポジションにくることを覚えておこう。

借方	貸方
資　産 現金、当座預金、受取手形、売掛金等	負　債 買掛金、借入金等
	純資産

資産が増加する取引

商品の代金として10万円を現金で受取った

借方	貸方
現金 100,000	売上 100,000

売上50万円を手形で受取った

借方	貸方
受取手形 500,000	売上 500,000

資産が減少する取引

パソコンを8万円の小切手を振出して購入した

借方	貸方
備品消耗品費 80,000	当座預金 80,000

負債が増加する取引

商品100万円を仕入れ、代金は後日払うことになった

借方	貸方
仕入 1,000,000	買掛金 1,000,000

銀行から200万円を借入れた

借方	貸方
現金 2,000,000	借入金 2,000,000

負債が減少する取引

借入金50万円を銀行に普通預金から返済した

借方	貸方
借入金 500,000	普通預金 500,000

Point!

- 資産の増加は借方（左側）、減少は貸方（右側）に記入する
- 負債の増加は貸方（右側）、減少は借方（左側）に記入する
- 純資産の増加は貸方（右側）、減少は借方（左側）に記入する

損益計算書の勘定

費用と収益、それぞれ増加する場合は本来のポジションにくることを覚えておこう。

借方	貸方
費用 仕入、旅費交通費、接待交際費、 給料、福利厚生費、消耗品費等	収益 売上等
利益	

費用が増加する取引

給料50万円を現金で支払った

借方	貸方
給料 500,000	現金 500,000

電気料2万円を現金で支払った

借方	貸方
水道光熱費 20,000	現金 20,000

収益が増加する取引

商品150万円を売上げたが、代金は後日回収になった

借方	貸方
売掛金 1,500,000	売上 1,500,000

地代家賃10万円を現金で受取った

借方	貸方
現金 100,000	受取賃貸料 100,000

費用が減少する取引

商品を仕入れ、3万円の値引きを受けた

借方	貸方
買掛金 30,000	仕入 30,000

収益が減少する取引

商品を売上げ、4万円の値引きを行った

借方	貸方
売上 40,000	売掛金 40,000

Point!

☞費用の増加（発生）は借方（左側）、減少は貸方（右側）に記入する
☞収益の増加（発生）は貸方（右側）、減少は借方（左側）に記入する

仕訳の例

	取引内容	日付	借方（左側）	貸方（右側）
1	7月1日 G銀行の当座預金に100,000円現金で振込みをした。	7/1	当座預金 100,000	現金 100,000
2	7月2日 E商店より80,000円仕入を行い、代金は掛とした。	7/2	仕入 80,000	買掛金 80,000
3	7月3日 F商店に120,000円現金で売上げた。	7/3	現金 120,000	売上 120,000
4	7月4日 水道代10,000円が当座預金から引き落とされた。	7/4	水道光熱費 10,000	当座預金 10,000
5	7月5日 G商店より86,000円現金にて仕入を行った。	7/5	仕入 86,000	現金 86,000
6	7月6日 H商店に商品300,000円売上げ、そのうち150,000円は小切手にて回収し、残りは掛とした。	7/6	現金 150,000 売掛金 150,000	売上 300,000
7	7月7日 I商店に商品500,000円を売上げ、約束手形にて回収した。	7/7	受取手形 500,000	売上 500,000
8	7月8日 J商店に対する買掛金800,000円のうち300,000円は小切手を振出、残りは約束手形を発行した。	7/8	買掛金 800,000	当座預金 300,000 支払手形 500,000
9	7月9日 コピー機480,000円を購入し、代金は月末に支払うことにした。	7/9	備品 480,000	未払金 480,000
10	7月10日 所有している約束手形1,200,000円が満期となり、当座預金に入金があった。	7/10	当座預金 1,200,000	受取手形 1,200,000

Point!
- 仕訳はわかりやすい勘定科目から記入していく
- 仕訳は理屈で理解するより慣れることが重要である

<仕訳早見表>

日常使用される基本的な仕訳処理をパターン別にまとめました。仕訳時に参考にして下さい。

	取引事例	借方（左側）	貸方（右側）
現金の処理	商品を現金 18,000 円で売上げた。	現金 18,000	売上 18,000
	原材料を現金 42,000 円で仕入れた	仕入 42,000	現金 42,000
	現金 26,000 円普通預金に預入れた	普通預金 26,000	現金 26,000
預金の処理	当座預金から電気料 76,000 円を引き落とされた	水道光熱費 76,000	当座預金 76,000
	A商店に対する売掛金残 200,000 円のうち手数料 630 円を当社が負担し、残額が普通預金に入金された	普通預金 199,370 雑費(振込手数料) 630	売掛金 200,000
	普通預金より当座預金に 150,000 円移動した	当座預金 150,000	普通預金 150,000
小切手の処理	商品 110,000 円の代金を小切手で受取った	現金 110,000	売上 110,000
	商品 80,000 円を小切手を振出して仕入れた	仕入 80,000	当座預金 80,000
受取った手形の処理	売掛金 150 万円を手形で受取った	受取手形 1,500,000	売掛金 1,500,000
	所有していた手形 100 万円が満期を迎え当座預金に預入れた	当座預金 1,000,000	受取手形 1,000,000
	所有していた手形 180 万円、買掛金支払のため、裏書きした	買掛金 1,800,000	裏書手形 (受取手形) 1,800,000
	裏書譲渡した 180 万円の手形が決済日を迎えた（＊以前に裏書手形で処理した場合）	裏書手形 1,800,000	受取手形 1,800,000
	B銀行に約束手形 100 万円を割引いてもらい、その際、10,000 円の割引料を取られ、当座預金に残額が入金された	当座預金 990,000 手形売却損 10,000	割引手形 (受取手形) 1,000,000
	B銀行によって割引した手形 100 万円が決済日を迎えた（＊以前に割引手形で処理した場合）	割引手形 1,000,000	受取手形 1,000,000

	取引事例	借方（左側）	貸方（右側）
発行した手形の処理	C社へ仕入代金 800,000 円を支払うための手形を振出した	仕入 800,000	支払手形 800,000
	以前振出した手形 900,000 円が決済された	支払手形 900,000	当座預金 900,000
売上の処理	商品 62,000 円の売上げ代金を月末に受取ることとした	売掛金 62,000	売上 620,000
	商品 230,000 円を売上げ、そのうち 100,000 円は小切手で回収し、残額は月末に受取ることとした	現金 100,000 売掛金 130,000	売上 230,000
	売掛金 280,000 円に対して 100,000 円は小切手で回収し、残額は約束手形で受取った	現金 100,000 受取手形 180,000	売掛金 280,000
仕入の処理	商品を 130,000 円で仕入れ、支払は月末に行うこととした	仕入 130,000	買掛金 130,000
	商品を 210,000 円で仕入れ、そのうち 110,000 円は小切手を振出し、残り 100,000 円は月末に支払うこととした	仕入 210,000	当座預金 110,000 買掛金 100,000
	買掛金 480,000 円に対して 80,000 円は小切手を振出し、残額は手形を振出した	買掛金 480,000	当座預金 80,000 支払手形 400,000
借入金の処理	D銀行より 360 万円を設備資金として 3 年払いで借入し、いったん当座預金に預入れた	当座預金 3,600,000	長期借入金 3,600,000
	E銀行に対し 30 回払いで支払う約束の 100,000 円の元金と利息 20,000 円が普通預金から引き落とされた	長期借入金 100,000 支払利息割引料 20,000	普通預金 120,000
仮払いの処理	役員Fに出張の為の仮払金として 100,000 円を現金で支出した	仮払金 100,000	現金 100,000
	後日精算を行い、交通費 80,000 円、宿泊料 16,000 円、を差し引いた残金 4,000 円を現金で受取った	旅費交通費 96,000 現金 4,000	仮払金 100,000

	取引事例	借方（左側）	貸方（右側）
給料に関する処理	給料総額 400,000 円を現金で支払った（うち、42,000 円は社会保険料、20,000 円は所得税、住民税であった）	給料手当 400,000	現金 338,000 預り金 62,000
	社会保険料の個人負担分 300,000 円、会社負担分 300,000 円を、月末に現金で支払った	預り金 300,000 法定福利費 300,000	現金 600,000
	源泉所得税と住民税 200,000 円を現金で納付した	預り金 200,000	現金 200,000
	労働保険料 800,000 円を普通預金より支払った	法定福利費 800,000	普通預金 800,000
	会社負担分の給食費 230,000 円を現金で支払った	福利厚生費 230,000	現金 230,000
費用に関する処理	文房具代 8,000 円を現金で支払った	事務用消耗品費 8,000	現金 8,000
	切手 20,000 円を現金で支払った	通信費 20,000	現金 20,000
	お中元代として 40,000 円の小切手を振出して支払った	接待交際費 40,000	当座預金 40,000
	印紙 100,000 円分を現金で支払った	租税公課 100,000	現金 100,000
	コピー機のトナー代 12,000 円を現金で支払った	備品消耗品費 12,000	現金 12,000
	従業員の出張交通費として切符を 24,000 円、現金で購入した	旅費交通費 24,000	現金 24,000
資産購入の処理	コピー機 430,000 円を小切手を振出して購入した	備品 430,000	当座預金 430,000
	車輌 100 万円を 10 回分割で購入した	車輌運搬具 1,000,000	未払金 1,000,000
	機械本体 150 万円と据え付け費用 30,000 円を手形を振出して購入した	機械装置 1,530,000	支払手形 1,530,000

	取引事例	借方（左側）	貸方（右側）
有価証券の処理	売買目的でG株式会社の株式1,000株を総額380,000円で購入し、購入手数料5,000円とともに現金で支払った	有価証券 385,000	現金 385,000
有価証券の処理	売買目的で取得した東京物産㈱の株式1000株（取得価額385,000円）を500,000円で売却し、代金は現金で受取った	現金 500,000	有価証券 385,000 有価証券売却益 115,000
減価償却費の処理	機械125万円について減価償却費30,000円を計上した（直接法）	減価償却費 30,000	機械装置 30,000
減価償却費の処理	（間接法）	減価償却費 30,000	減価償却累計額 30,000
固定資産の売却処理	備品120,000円（帳簿価額）を110,000円で売却し、代金は現金で受取った。なお、直接法により記帳している	現金 110,000 固定資産売却損 10,000	備品 120,000
固定資産の売却処理	備品（取得価額350,000円、減価償却累計額170,000円）を200,000円で売却し、代金は現金で受取った	現金 200,000 減価償却累計額 170,000	備品 350,000 固定資産売却益 20,000
貸倒引当金の処理	貸倒引当金を80,000円計上した	貸倒引当金繰入 80,000	貸倒引当金 80,000
貸倒引当金の処理	貸倒引当金を80,000円と見積っていたが、実際には100,000円の貸倒れとなった	貸倒引当金 80,000 貸倒損失 20,000	売掛金 100,000
費用・収益の繰延べ処理	支払保険料120,000円を現金で支払って費用に計上していたが、40,000円は翌期の分であった	前払費用 40,000	支払保険料 40,000
費用・収益の繰延べ処理	地代家賃100,000円を現金で受取って収益に計上していたが、20,000円は翌期の分であった	受取地代 20,000	前受収益 20,000
費用・収益の見越し処理	既に計上してある80,000円の他に当期に属する支払利息が30,000円あることがわかった	支払利息 30,000	未払費用 30,000
費用・収益の見越し処理	まだ受取っていない当期分の受取手数料15,000円があることがわかった	未収収益 15,000	受取手数料 15,000

第4章

日々の経理の
ポイントをおさえよう！
― 経理のマスターステージ ―

前章までの学習は、簿記全体の骨組みをつかむものでした。ここでは日常の取引を経理の立場でしっかりと管理していくために必要となる仕組みと重点ポイントを押えます。

1時間目 ○
2時間目 ○
3時間目 ○
4時間目 ●
5時間目 ○
6時間目 ○

23 現金の管理方法

会社を人間に例えると資金（お金）は「血液」です。その資金（お金）が円滑に循環するよう管理していかなければ生産・販売・開発等あらゆる企業活動が停滞し、取り返しのつかないことを引き起こしかねません。迅速さと細心の注意を持って管理していかなければなりません。

1 通貨やいつでも通貨と交換できるものが現金である

　現金には、いわゆるキャッシュだけでなく、換金性の高い小切手や郵便為替証書、振替貯金払出証書等が含まれます。こうした現金がいくら入金され、いくら支出し、その結果、いくら持っているかを常に把握しておくことが必要となります。これがいわゆる「現金の管理」ということです。現金残高管理は、経理業務の基本的作業の一つと言えます。盗難防止等のためにも、むやみやたらに多額の現金を置かず、会社が毎日必要とする現金のみを手元に置いて、用意した金庫の中に入れておき、金庫管理責任者を決定して管理します。金庫の開け閉めをしている時は決して離席しないことが大切です。

2 現物と「現金出納帳」残は毎日必ず一致の確認を取る

　現金がどういう理由でいくら増え、また、いくら減ったかということを記録するための帳簿が「現金出納帳」です。

　領収書やレシートが確かに現金を支出した、また、入金された証拠となりますので、それをもとにして記帳を行うことになります。毎日過不足が生じないよう、1日の終わりに実際に残っている現金を数え、「現金出納帳」の残高と一致しているかどうかを確かめることが大切です。領収書等と引換えに入出金すること、その領収書等の金額と現金を何度も確認して出納することが基本です。

現金出納帳の記帳方法

<現金出納帳記帳と修正の仕方>　　　　　　　　　　　　【例】

> 摘要は詳しく

> 1行目は前月繰越。数ページにまたがる場合には前月繰越と入れる

月日	No.	摘要	収入金額	支払金額	残高
10.1		前月繰越			40000
2	1	お菓子 ○○マート		3000	37000
10	2	ホチキス ××文具		400	36600
〜	〜	〜	〜	〜	〜
					13000
		×月合計	60000	87000	
		前月繰越	40000		
		次月繰越		13000	
			100000	100000	
11.1		前月繰越			13000

> 帳簿を締める場合にはアンダーラインを引く。次月繰越と記入する。

> 合計が一致した場合は＝（二重線）を上下に引く

【例】

> 修正箇所を＝で全体に引く。上に訂正を入れる

月日	No.	摘要	額	支払金額	残高
10.1		前月繰越			40000
2	1	お菓子 ○○マート クリップ㊞		3000	37000
10	2	ホチキス ××文具		400̶ ̶4̶0̶0̶0̶ ㊞	36600

> 訂正箇所の右に訂正印を押す

Point!
☞ 簿記上の現金として取り扱われるものには他人振出の小切手も含まれる
☞ 仮払いメモ等による出金は原則として行わない
☞ 盗難や横領を防止するため細心の注意が必要である

24 預金の管理方法

金融機関との取引は、様々な預金を通して行われます。預金の種類ごとに特徴があり、その特徴を見極めて、預金管理を行っていきます。

1 普通預金と当座預金は預金の代表格である

普通預金は、キャッシュカードまたは通帳を用いて、現金の出し入れが自由にできる預金です。そして、当座預金は出し入れは自由ですが、引出の場合は小切手を用いることが大きな特徴です。残額が少なく発行した小切手が落ちなければ、不渡りを出すといったリスクを伴います。当座預金の場合、通帳は発行されず、毎月金融機関から当座預金の照合表が送付されてきます。これを自社の記録と照合していきます。

なお、普通預金は、口座引落し等の利用が多いので、少なくとも2～3日に1度は通帳打ち込みをして残高を確認します。

2 納税準備預金を活用する

会社を取巻く税金には「法人税」「消費税」をはじめ、固定資産を所有していれば「固定資産税」、自動車を所有していれば「自動車税」等があり、会社は実に多くの税金を負担しています。税金を納付するには、その期限を厳守することが大切であり、納付期限を超えると延滞税、延滞金がかかってしまいます。

そこで、年間どの位の税金がかかるのかを試算し、その資金を確保していくことが重要です。そのための預金が「納税準備預金」と呼ばれるもので、通常の営業活動上必要とされる資金とは別に、計画的に預金していき、月々必要とされる税金を支払っていくことに活用します。

預金の種類と特徴

預金名	特徴
当座預金	小切手を振出すことのできる預金。振出した小切手が銀行に呈示されると、銀行はその当座預金から小切手に書いてある金額を支払う。銀行に企業の支払事務の代行をしてもらうための預金。
普通預金	多くの人がよく利用している財布がわりの預金。会社にとっても、出入れが自由で使い勝手がよいもの。
通知預金	普通預金より高い利息がつくので、まとまったお金を短期間預けるのに利用される。預けてから7日間ほどたたないと引出せない。引出す場合は、2日前に銀行に通知しなければならない。
積立定期預金	一定の期間を定めて積立てていく預金。計画的に少しずつ貯めていくのに利用される。期間が長いほど高い利息がつく。
定期預金	一定期間は引出せない預金。当面使用予定のないお金は、定期預金にすると高い利息がつく。期間が長いほど利息も高くつく。市場金利連動型預金等、いろいろな種類がある。
納税準備預金	納税のためのお金を預けて、納税に困らないように準備するための預金。利息には税金はかからないが、納税以外の目的のために引出すと税金がかかる。

⇩

> 取引における決済の大半は、「現金」ではなく銀行を通じた「お金」の受渡しになる。銀行での預金、振込み等、銀行取引の内容をしっかりと理解しておくことが重要である。

Point!
☞ 小切手を振出した場合は当座預金の勘定科目を使用して処理する
☞ 当座預金の残高管理には十分な注意が必要である
☞ 預金の特徴をよく知ってその利用を図る

25 小切手の取扱い方法

小切手は現金の代わりをなし、現金と全く同じ価値を持つものであり、紛失したり、盗難にあったりすると厄介で、その取扱いには慎重を期します。

1　線引小切手は不正やトラブルを防止するための制度である

小切手は持参人に無条件に支払われるものですから、もし、紛失すると、それを拾得した人に支払われる恐れがあります。「線引小切手」はそれを防止するための制度です。

通常、小切手の左上部に2本線を引き、中に「BANK」「銀行渡し」等と書かれると「線引小切手」になります。線引小切手にすると、支払人である金融機関は、どこの誰かということがわかる取引先や、金融機関にしか支払うことができなくなります。また、平行線の中に特定の銀行名を記載しますと「特定線引小切手」となり、線引の中に記載された銀行を通さないと換金できないものになります。

2　小切手を振出した場合、当座預金の残高チェックは必ず行う

小切手の決済口座は「当座預金」です。振出した小切手が預金の残高不足等で支払われなかった場合、不渡りとなってしまいます。6ヶ月以内に2回の不渡りを出すと「取引停止処分」となり、この処分を受けると、2年間銀行と当座預金や借入の取引をすることができなくなってしまいます。また、小切手は銀行に呈示してから手形交換所を経由して、当座預金から引出されることになっており、3営業日かかるのが一般的です。そのため、小切手を振出した日には当座預金残高が足りていても、数日後に残高不足が起こってしまう場合もあり、注意を要します。

小切手とその要件

① 「小切手」という文字
② 支払地…支払銀行の所在地
③ 支払銀行…支払銀行名
④ 小切手の金額…通常はチェックライターで入れます。
⑤ 支払委託を記したもの
⑥ 振出日…振出した日。銀行に持ち込むには、振出日から通常は10日以内。サンプルでは7月20日が呈示期限となります。末日が銀行休業日の場合には次の取引日までとなります。
⑦ 振出地…振出人の所在地
⑧ 振出人…振出人の記名
⑨ 振出人の印…銀行届出印○

※これらのうち一つでも記載もれ等があると、小切手の効力が生じない。そのほか線引小切手の場合には平行線の間に銀行またはBankと記載される。

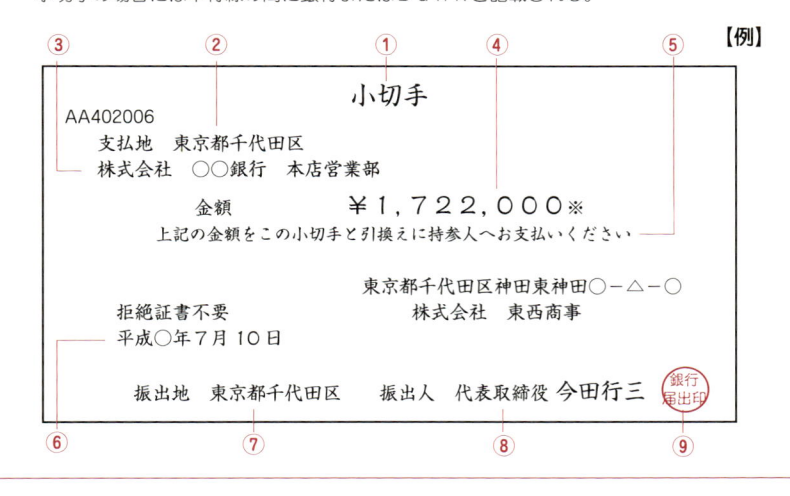

【例】

```
AA402006
      支払地  東京都千代田区
    株式会社   ○○銀行  本店営業部

        金額    ¥1,722,000※
      上記の金額をこの小切手と引換えに持参人へお支払いください

                       東京都千代田区神田東神田○-△-○
     拒絶証書不要            株式会社  東西商事
     平成○年7月10日

       振出地  東京都千代田区   振出人  代表取締役 今田行三   (銀行届出印)
```

③ ② ① ④ ⑤
⑥ ⑦ ⑧ ⑨

Point!

☞ 当座預金残高は常に確認しておく
☞ 小切手を現金化できる期間は原則10日間である
☞ 小切手を振出する際には「線引小切手」にする

26 売上の管理方法

商品等を販売する場合、現金取引を除けば、受注→納品→代金の請求→売掛金の回収が経理業務にとっての流れとなります。それぞれのステップごとに記帳管理を行っていきます。

1　請求書と受領金額が同じか決済日にはチェックする

　会社が顧客に製品（商品）を納めた時に発行するのが「納品書」です。通常は複写式になっていて、顧客に渡したものと同じ内容を記載しものを控えとして保存します。それを1ヶ月分まとめて「請求書」を発行し、代金回収の手続きを行うのが原則です。

　そこで、ほとんどの場合、自社の決めた納品書の締日、または顧客の支払締日に合わせてある一定期間分を合計した請求書を発行する方法を採用します。締日は顧客によって異なりますので、「得意先元帳」の補助簿を作成し管理します。決済日には、発行した請求書と受領した金額に相違がないか必ずチェックし、万一相違がある場合、原因の究明をしっかりと行わなければなりません。

2　売上の計上は「引渡基準」によって行うのが原則である

　売上を計上するのは、流通業や製造業では商品（製品）を引渡した時、サービス業ではサービス（役務）の提供が完了した時です。これを「引渡基準」といいます。引渡した日がいつであるかは、①作業が完了した日、②受入場所へ搬入した日、③顧客が検収を完了した日、④顧客が使用できるようになった日等、業種や取引内容により異なりますが、いったん決めた基準を継続して採らなければなりません。建設業等では「工事完成基準」が採用されます。ただし大規模な工事で複数年度にまたがる工事については、その時点での出来高に応じて「工事進行基準」により売上を計上します。

売上処理のフローチャート

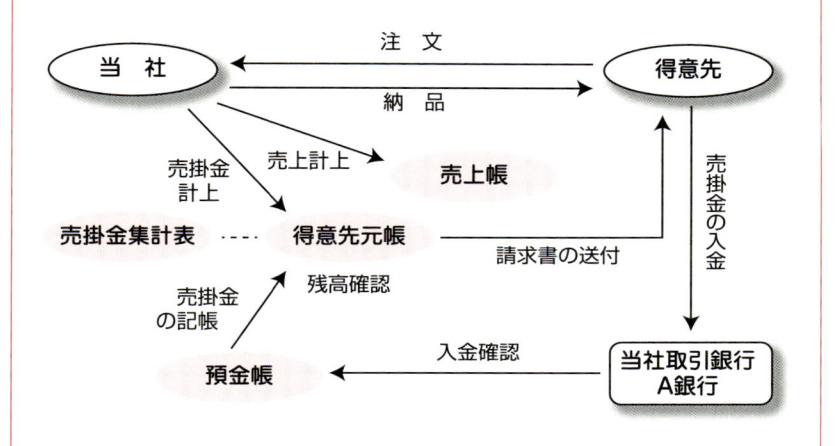

```
当社 ←——注文——— 得意先
    ———納品——→
```

- 当社 →(売上計上)→ 売上帳
- 当社 →(売掛金計上)→ 得意先元帳
- 売掛金集計表 ---- 得意先元帳
- 得意先 →(請求書の送付)→ 得意先元帳（残高確認）
- 得意先 →(売掛金の入金)→ 当社取引銀行 A銀行
- 当社取引銀行 A銀行 →(入金確認)→ 預金帳
- 預金帳 →(売掛金の記帳)→ 得意先元帳

◆得意先を管理するためには、売上帳や得意先元帳へ記帳

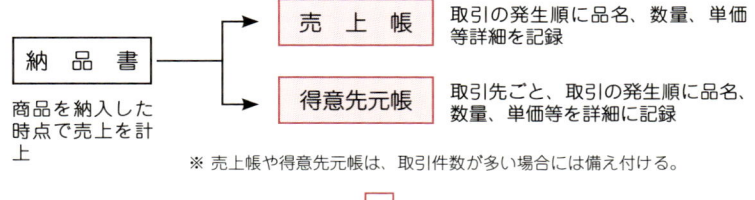

納品書（商品を納入した時点で売上を計上）
- → **売上帳**：取引の発生順に品名、数量、単価等詳細を記録
- → **得意先元帳**：取引先ごと、取引の発生順に品名、数量、単価等を詳細に記録

※ 売上帳や得意先元帳は、取引件数が多い場合には備え付ける。

⇩

会社にとって最も重要な「売上」について、どの時点で計上するのか、その基準を間違えると会社の営業成績に大きな影響を与えてしまう。

Point!

- ☞ 請求金額と受領金額を必ずチェックする
- ☞ どの時点で売上を計上するのか明確にしておく
- ☞ 「売上帳」や「得意先元帳」の補助簿を活用して売上を管理する

27 売上の記帳方法

売上金額は、会社経営において大変重要な数字であり、収益の源です。そこで、売上の内容や得意先を管理するために、売上帳や得意先元帳を作成します。

1 月々ごとに、会社全体の売上金額を把握する

総勘定元帳の売上勘定や売掛金勘定では、売上や売掛金全体の合計金額はわかりますが、商品ごとの売上や得意先ごとに売掛金の動きはつかめません。

そこで、売上の細かな内容を把握するため、取引を発生順に記録した帳簿が「売上帳」です。これには日付、得意先名、品名、数量、単価、金額等を記載します。これを作成することによって、毎日の売上金額を把握することができ、商品や得意先ごとの1ヶ月間の売上を迅速に捉えられます。

2 得意先別の支払条件を明確にしておく

得意先別に売掛金が一目でわかる帳簿が「得意先元帳」であり、「売掛金元帳」ともいわれています。これには取引の発生順に日付、品名、数量、売上金額、受取金額等を記載します。この元帳によって得意先別に売掛金残高が把握できます。

なお、金額の回収については得意先によって、締日、支払条件が様々ですので、得意先別にその条件を明確にして管理することが重要です。

また、振込があった場合、振込手数料は当社負担なのか、得意先負担なのかを明らかにしておかないと、売掛金残高に差額が生じてしまうので、事前に確認しておく必要があります。

売上帳と得意先元帳の記帳方法

【例】　　　　　　　　＜売上帳＞

×年月日	得意先名	品名	数量	単価	借方	貸方	借又貸	残高
○△	A社	コーヒー	5	1,000		5,000		112,210
〃	〃	フィルター	10	500		5,000		117,210
○×	B社	ペン	10	100		1,000		118,210

- 返品や値引きは借方に記入
- 売上金額を貸方に記入
- 累計金額を記入

ワンポイントチェック！
前月の繰越　　　　120,000
当月売上合計額　＋108,000
当月受取合計額　－100,000
差引残高　　　　　128,000
↑OK

＜得意先元帳＞

【例】　　　　有限会社　小林商店殿

×年月日	摘要	数量	単価	売上金額	受取金額	借又貸	差引残高
	前月繰越						120,000
4/4	XYZ	5	12,000	60,000			180,000
4/26	甲銀行普通預金				99,475		
	〃　振込料				525		80,000
4/25	VWX	12	4,000	48,000			128,000
	4月計			108,000	100,000		128,000

Point!

- 補助簿である売上帳は売上の都度、ためずに記帳する
- 得意先ごとに売掛金残高を定期的に照合する
- 振込があった場合の手数料負担を事前に得意先に確認しておく

28 売掛金の管理方法

　売上がいくら伸びても、売上の計上漏れが生じたり、売上代金の未回収があれば、会社は大きな痛手を被ることになります。今後の資金繰りを行うにあたっても、しっかりと会社全体として売上の発生と代金回収の管理を行うことは重要です。

1　資金繰りの第一歩は売掛金の管理からである

　売掛金集計表は、得意先元帳から作成します。売掛金の発生欄には、得意先元帳の「当月売上合計額」を記入し、入金欄には得意先元帳の「受入金合計額」を記入します。

　残の欄には「差引残高の金額」を転記します。全社分、洩れがないように集計表に転記します。この表の合計を出せば、1ヶ月の売上金額・売掛金の入金金額・売掛金の残高が一目でわかります。

　このような集計表を何ヶ月分か記入できるように作成しておきますと、売掛金が請求してから何ヶ月も入っていないとか、前月請求したものが翌月には入っていた等といったことが、よくわかります。

2　売上の実現とは売上代金を回収することである

　経理担当者が行う売掛金の管理範囲は、会社の規模等によって違いはありますが、売上の発生から代金の回収までが一般的です。

　売上は回収して完結します。もし、得意先の支払条件通りに回収がなされない場合、支払の督促を行ったり、事態によっては法的手続きの準備が必要になる場合もあります。

　常に、得意先別に回収状況がどうなっているか、細心の注意を払って管理することは経理担当者の重要な仕事です。

売掛金集計表の記帳方法

【例】　　　　　　　　　＜売掛金集計表＞

得意先名	前月繰越	5月			6月			発生
		発生	入金	残	発生	入金	残	
㈱青田スーパー	1,200,000	1,080,000	1,000,000	1,280,000				
原島商店㈱	3,250,000	3,410,000	3,250,000	3,410,000				
㈱赤井スーパー	2,780,000	2,850,000	2,780,000	2,850,000				
		⇧	⇧	⇧				
		得意先元帳の売上の月合計額	受取金額の月合計額	差引残高の月合計額				
合　計	72,300,000	59,300,000	67,300,000	64,300,000				
現金売上	—	4,200,000	4,200,000	—				
総合計	72,300,000	63,500,000	71,500,000	64,300,000				

＜売掛金管理の流れ＞

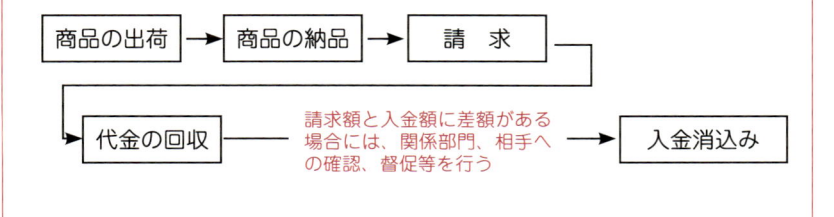

商品の出荷 → 商品の納品 → 請　求 → 代金の回収 → （請求額と入金額に差額がある場合には、関係部門、相手への確認、督促等を行う）→ 入金消込み

Point!
☞ 経理の売掛金管理の範囲は売上の発生から回収までである
☞ 売上は回収して完結する
☞ 得意先別に回収状況を常に確認、把握しておく必要がある

29 仕入の管理方法

　原材料や資材、商品等を購入する時、現金取引以外では後日代金を支払う約束で購入する「掛買い」を行うのが一般的です。注文→納品→代金の請求→支払といったステップごとに記帳管理を行っていきます。

1　取引先から納入し、検品・受入れがなされた時点で仕入を計上する

　実際の取引は掛によるものが大半であり、いつ、仕入を計上するかが問題になります。通常は仕入先から商品等が納品され、受入検査で合格となり、仕入先が売掛金を計上するタイミングで仕入を計上します。

　時として、納品書の日付けと実際に仕入れた日付がずれる場合があります。配送のタイムラグで起こるケースが多いのですが、この場合は、あくまでも実際に仕入れた日付になります。

　なお、仕入れた商品を仕入先に返す「仕入戻し」、仕入れた商品について値引きを受ける「仕入値引」、買掛金を通常よりも早く支払って割引を受ける「仕入割引」等が生じていないか、請求書、納品書等をしっかりと確認しておくことが大切です。

2　掛買いで仕入れたら当社の支払方法によって代金を支払う

　仕入先への支払は、請求の都度行っていたら事務処理が大変です。そこで、月に1回等特定の日を締切日に決めるのが一般的です。仕入先への支払は、通常毎月決まった期日にまとめて行います。毎月締日を過ぎると、支払日までに支払一覧表を作成します。銀行振込と手形等の別、銀行振込の場合は振込手数料を当社負担か、仕入先負担かを明らかにして、銀行別にまとめておくと便利です。支払について、うっかりミスが生じないようしっかりと管理しておかなければなりません。

仕入れ処理のフローチャート

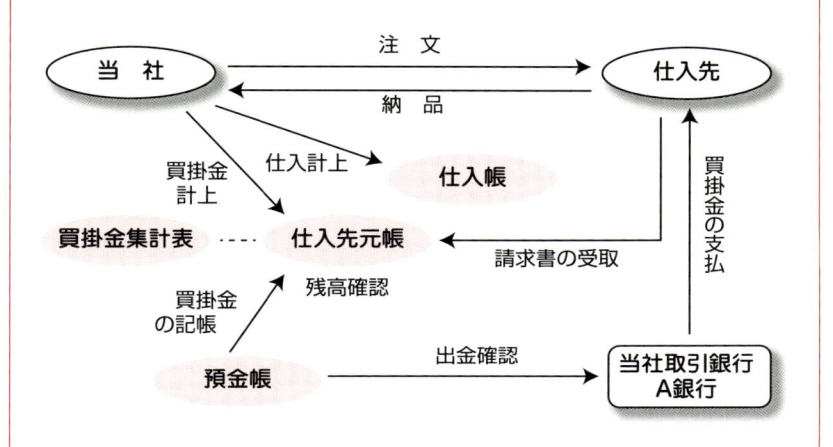

```
当社 ──注文──→ 仕入先
    ←──納品──
```

- 当社 →（仕入計上）→ 仕入帳
- 当社 →（買掛金計上）→ 仕入先元帳
- 買掛金集計表 ‥‥ 仕入先元帳 ←──請求書の受取── 仕入先
- 仕入先 ←──買掛金の支払── 当社取引銀行 A銀行
- 買掛金の記帳 → 仕入先元帳（残高確認）
- 預金帳 ──出金確認──→ 当社取引銀行 A銀行

◆仕入を管理するためには、仕入帳や仕入先元帳へ記帳する

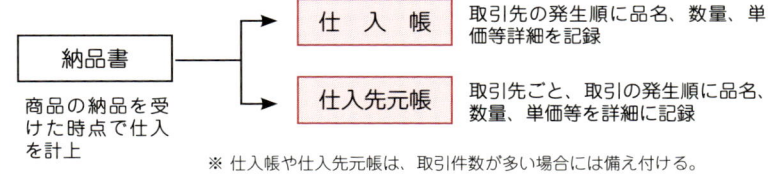

```
納品書 ─→ 仕入帳      取引先の発生順に品名、数量、単価等詳細を記録
       └→ 仕入先元帳  取引先ごと、取引の発生順に品名、数量、単価等を詳細に記録
```

商品の納品を受けた時点で仕入を計上

※ 仕入帳や仕入先元帳は、取引件数が多い場合には備え付ける。

⇩

支払条件や在庫管理の関係から「いつ仕入に計上するか」は、会社にとって大切な問題であり、その仕入計上基準を明確に捉えておくことが重要である。

Point!

☞ 納品書と請求書との内容確認は必ず行う
☞ 支払は毎月決まった期日に行う
☞ 支払一覧表を作成して支払の管理を行う

30 仕入の記帳方法

商品（製品）や原材料等の仕入は、収益の源である売上を作るために必要なものです。そこで、どのような仕入が行われたのか、また、仕入先をしっかりと管理するため、仕入帳や仕入先元帳を作成します。

1　月々ごとにどれだけの仕入が行われたのかを把握する

　総勘定元帳の仕入勘定や買掛金勘定では、商品ごとの仕入単価や数量、仕入先ごとの買掛金残高はつかめません。そこで、仕入の細かな内容を把握するため、取引を発生順に記録する帳簿である「仕入帳」を活用します。これには日付、仕入先名、品名、数量、単価、金額等を記載します。

　これによって、1ヶ月間いつどのような仕入が行われたかを把握することができます。また、仕入は、在庫との関係を見て実施していく必要があります。1ヶ月の途中経過時点で、在庫を把握しながら仕入をコントロールしていくためにも「仕入帳」を活用します。

2　仕入先別にどれ位、掛が残っているのか明らかにしておく

　仕入先別に買掛金が一目でわかる補助簿が「仕入先元帳」であり、「買掛金元帳」ともいわれています。これには取引の発生順に、日付、品名、数量、単価、仕入金額、支払金額等を記載します。売掛金管理と同じように、銀行振込によって支払をする場合、振込手数料は当社負担なのか、仕入先負担なのかを事前に明確にしておく必要があります。なお、仕入先元帳の総金額が総勘定元帳の買掛金勘定の残高と一致しているか、定期的に確認しておくことが大事です。

仕入帳と仕入先元帳の記帳方法

【例】　＜仕入帳＞

×年月日	仕入先名	品名	数量	単価	借方	貸方	借又貸	残高
○△	C社	ノート	10	100	1,000			72,000
〃	〃	消しゴム	5	100		500		72,500
〃	D社	A4紙	50	2,000	100,000			172,500
〃	〃	B5紙	50	2,000	100,000			272,500

⇧仕入金額を借方に記入　⇧返品や値引きは貸方に記入　⇧合計金額を記入

ワンポイントチェック！
前月の繰越　　　200,000
当月仕入合計額　＋100,000
当月支払合計額　－200,000
差引残高　　　　100,000
↑OK

＜仕入先元帳＞
【例】　有限会社　高橋商店殿

×年月日	摘要	数量	単価	仕入金額	支払金額	借又貸	差引残高
	前月繰越						200,000
4/4	XYZ	10	10,000	100,000			300,000
4/30	甲銀行普通預金				199,475		
	〃　振込料				525		100,000
	4月計			100,000	200,000		100,000

Point!
☞ 仕入は在庫との関連を見ながら実施していくことが大切である
☞ 仕入先元帳の総買掛金残高金額と総勘定元帳の買掛金残高を定期的に確認する
☞ 年度末には仕入先に残高確認の文書を送って照合する

31 買掛金の管理方法

買掛金の管理は、仕入先から発行される請求書の内容が正しいかどうかをチェックするためにも必要不可欠であり、資金繰りを行う際にも重要な役割を担っています。

1 決められたルールを逸脱すると会社の信用は失われる

買掛金集計表は仕入先元帳をもとに、同じ要領で作成します。発生欄に仕入先元帳の「仕入金額の月合計額」、支払欄に「支払金額の月合計額」を、また、残の欄に「差引残高の金額」を転記します。これで1ヶ月の総仕入額、買掛金の総支払額、その月の買掛金残高が一目でわかります。

通常は、1ヶ月の取引を20日や末日で締め、翌月の支払日に支払う契約が一般的です。この場合、買掛金は1ヶ月の仕入取引相当額が、常に締日に残っていることになります。会社全体で、翌月いくら支払わなければならないかを前もって確認しておくことが大切です。

会社の支払条件にあわせてこの買掛金集計表を参照し、支払をしていくことになりますが、支払の遅延等が生じた場合には、信用が失墜しますので要注意です。

2 請求金額と買掛金額が合わない場合は必ず原因を突き止める

請求金額と買掛金額が合わない場合には、今一度、納品書等を調べ直し、必要に応じて取引先に連絡を取り、原因を確かめる必要があります。また、何らかの理由で支払金額や支払日を変更する場合には、必ず事前に了解を取り付けておくことが重要です。

支払は、債務の履行であり、取り決めたルールに従って決済しなければなりません。

買掛金集計表の記帳方法

【例】　　　　　　　＜買掛金集計表＞

得意先名	前月繰越	5月			6月			発生
		発生	支払	残	発生	支払	残	
高橋商店	200,000	100,000	200,000	100,000				
株式会社小山	××××	××××	××××	××××				
鈴木株式会社	××××	××××	××××	××××				
			⇧	⇧				
			支払金額の 月合計額	差引残高の 月合計額				
合　計	250,000	2,800,000	1,900,000	1,150,000				
現金仕入	—		50,000	50,000	—			
総合計	250,000	2,850,000	1,950,000	1,150,000				

＜買掛金管理の流れ＞
取引開始前に調査する

仕入先のリサーチ	品質、納期、仕入値等会社の基準に合っているか
取引基本契約	取引条件内容を明確に定める
支払条件	現金・振込等、どのような条件か

⇩

取引開始後において、仕入金額と請求金額が合致しない場合、必ず仕入先と確認をとる

Point!
☞ 売掛金残高と買掛金残高とのバランスを対比しながら買掛金を管理する
☞ 仕入先ごとに当社の支払条件を事前に明示しておく
☞ むやみやたらに支払条件は変更しない

32 受取手形の取扱い方法

手形を受領した際には「受取手形」の勘定科目を使用して処理を行います。手形は将来の日に額面金額を支払う約束がなされたもので、期日待ち、裏書き、割引といった運用を選択することができます。

1 手形とは代金の期日、支払金融機関、受取人等を明記した証書である

手形は一定の期日に、一定の場所で、一定の金額を支払うことを約束した証券です。手形には2種類あります。
①約束手形…振出人が受取人に一定の金額の支払を約束したもの
②為替手形…振出人が支払人を置き、受取人に対して一定の金額の支払を依頼するもの

一般に手形といえば「約束手形」を指します。手形は期日を迎えないと換金することはできません。振出日から支払期日までの期間を「サイト」といいます。支払期日から当日を含め3営業日以内に取引銀行に持ち込み、現金化します。しかし、支払期日が振出日より数ヶ月先であることが多く、銀行への持ち込みがうっかり支払期日を過ぎてしまうことも起こりえます。そこで、事前に銀行に預け、「取立依頼」をするのが一般的です。

2 受取手形は裏書き、割引をすることもできる

受取った手形は、支払期日まで待たず第三者に譲渡することができます。手形の裏に所持人名と譲渡する相手の名を記し、「裏書手形」と呼ばれています。譲渡した手形が不渡りになった場合には、裏書人は支払の責任を負わなければなりません。また、手形の支払期日以前に現金化したい場合は、割引を行うこともでき、「割引手形」と呼ばれます。これは手形を担保にした金融機関からの融資で、金利負担が生じます。

手形の要件

【例】

| 印紙 | 手形金額 | 受取人名 | 支払期日・支払地・支払場所 |

```
No.030100           約束手形    No.TN02821         東京SCIC
                                                   ××××
       株式会社 △△工業 殿  支払期日 平成×年×月×日
  金額
       ￥1,850,000※    支払場所 株式会社○×銀行
                              支 払 地 東京都葛飾区
 割
 印  上記の金額をあなたまたはあなたの指図人へこの約束手形と引替えにお支払いいたします
       平成 ×年 ×月 ×日
       振出地    東京都葛飾区                    銀
       住所     東京都葛飾区××町○丁目○番地      行
       振出人   株式会社△△△△                  印
              取締役社長 高橋一郎
```

割印　　　振出日・振出地・住所・振出人　　　押印（銀行印）

＜印紙税額表＞

記載された手形金額が 10 万円未満	非課税
〃　　100 万円以下	200 円
〃　　100 万円を超え 200 万円以下	400 円
〃　　200 万円を超え 300 万円以下	600 円
〃　　300 万円を超え 500 万円以下	1 千円
〃　　500 万円を超え 1 千万円以下	2 千円
〃　　1 千万円を超え 2 千万円以下	4 千円
〃　　2 千万円を超え 3 千万円以下	6 千円
〃　　3 千万円を超え 5 千万円以下	1 万円
〃　　5 千万円を超え 1 億円以下	2 万円
〃　　1 億円を超え 2 億円以下	4 万円
〃　　2 億円を超え 3 億円以下	6 万円
〃　　3 億円を超え 5 億円以下	10 万円
〃　　5 億円を超え 10 億円以下	15 万円
〃　　10 億円を超えるもの	20 万円

Point!

☞ 手形を受取ったら必ず支払期日の確認をする
☞ 必要とされる収入印紙が貼られているか確認する
☞ 現金化できる期間は支払期日を含めて 3 日間である

33 受取手形の記帳方法

手形を受取った時には受取手形記入帳を作成し、期日待ちする手形、裏書や割引した手形がどのようになっているのかを明らかにして管理しておく必要があります。

1 受取手形記入帳に明記しておく内容は決まっている

受取った手形は支払期日になると現金になるもので、資金管理上非常に大事なものです。そのため、「受取手形記入帳」という補助簿を作って、これに明細を記載します。

この帳簿は、手形そのものを管理するだけでなく、いつ、いくらの金額の手形が決済されるのか、また、どの手形を割引し、裏書したらよいのかといったことをつかむ資料となり、資金計画に役立ちます。受取手形記入帳には右図の項目を明記して管理します。

2 手形が期日決済や割引・裏書された場合、その旨を摘要欄に記入する

手形を受領したら、「受取手形記入帳」にその内容を記載します。その手形を裏書、割引した場合には、その旨を摘要欄に記入します。締日には摘要欄が空欄となっている手形が現物としてあるかどうか、残っていたらその金額がいくらかを確認します。その残高が手持ちの手形ということになります。

なお、期日決済が済んだ手形、また、裏書、割引したあとに決済日をむかえた手形には、摘要欄に済印を付けて管理するのが一般的です。

手形は現物管理が重要です。他の書類と混ざらないようにし、手形処理を担当する人と銀行に提出する人を分ける等して、管理をしっかりとしていかなければなりません。

受取手形記入帳の記帳方法

【例】

<u>受取</u>/支払 手形記入帳

平成○○年6月分

日付		手形種類及び番号	受取先支払先	銀行	満期日	金額							摘要
6	10	RA13502	㈱青田スーパー	R銀行	9/10	3	5	0	0	0	0	0	
6	20	TV13986	原島商店㈱	T銀行	9/10	1	2	0	0	0	0	0	6/25 割引J銀行
6	23	SK36285	㈱赤井スーパー	S銀行	9/10		6	0	0	0	0	0	6/25 裏書友部へ
6	25	TF23612	㈱戸田商店	T銀行	8/20		7	6	5	0	0	0	㊈
6	25	NK33210	和田スーパー㈱	N銀行	9/25	2	1	0	0	0	0	0	
6	30	MN21135	㈱諸井商事	M銀行	8/10	2	3	0	0	0	0	0	㊈

- 日　　付 … 手形を受取った日付
- 手形種類及び番号 … 手形用紙に記載されている番号
- 受　取　先 … 手形を受取った相手先
- 銀　　行 … 支払銀行
- 満　期　日 … 手形用紙に記載されている手形の支払期日
- 金　　額 … 手形金額
- 摘　　要 … 手形の回収（決済）、割引、裏書等

Point!
☞ 手形を受取ったら「受取手形記入帳」で現物と突き合わせ管理する
☞ 受取った手形の使用状況を必ず確認する
☞ 手形の決済日には特に細心の注意を払う

34 支払手形の取扱い方法

受取人に対して一定の日に、一定の金額を支払うことを約束した証券である手形は、「支払手形」の勘定科目で処理します。支払日に預金不足が生じると不渡りとなってしまうリスクを負ったものです。

1　手形に記載しなければならない事項は定められている

手形は「手形法」に定められた事項を記載していないと、効力がありません。必ず記載しなければならない項目は、次の7つです。

　　①約束手形であることを示す文句と支払を約束する文句
　　②支払う金額
　　③受取人の名前
　　④支払期日（「満期日」ともいわれる）
　　⑤振出日、振出地
　　⑥支払地（手形金額を支払う場所のこと）
　　⑦振出人の署名または記名・押印

現在、銀行を支払場所とする手形については、用紙のフォームを統一して、銀行で交付したもの以外は銀行では取り扱わないことになっています。その用紙には、①と⑥があらかじめ印刷してありますので、実務上はそれ以外の5項目を記載することになります。

2　収入印紙を貼付する

手形を振出す時は、金額に応じて手形に収入印紙を貼らなければなりません。印紙を貼ったら、その印紙が二度と使えないように印鑑で消印します。貼る収入印紙の金額は、"受取手形"のところの表（P93）と同じです。印紙を貼っていなくても手形は有効ですが、本来貼らなければならない印紙の金額の3倍の過怠税が徴収されます。

手形振出の記載

【例】

- 振出人の控え
- 収入印紙（必ず貼る）
- 受取人
- 振出金額
- 支払期日

```
約束手形
番号      ES 000000
受取人    ㈱○○○○
金額      ¥980,000
支払期日  平成×年×月×日
支払地    東京都台東区
支払場所  △△銀行
振出日    平成×年×月×日
備考
```

No......　**約束手形**　No.ES 000000　　東京 1301 / 0009-229

㈱）○○○○殿
金額
¥980,000※

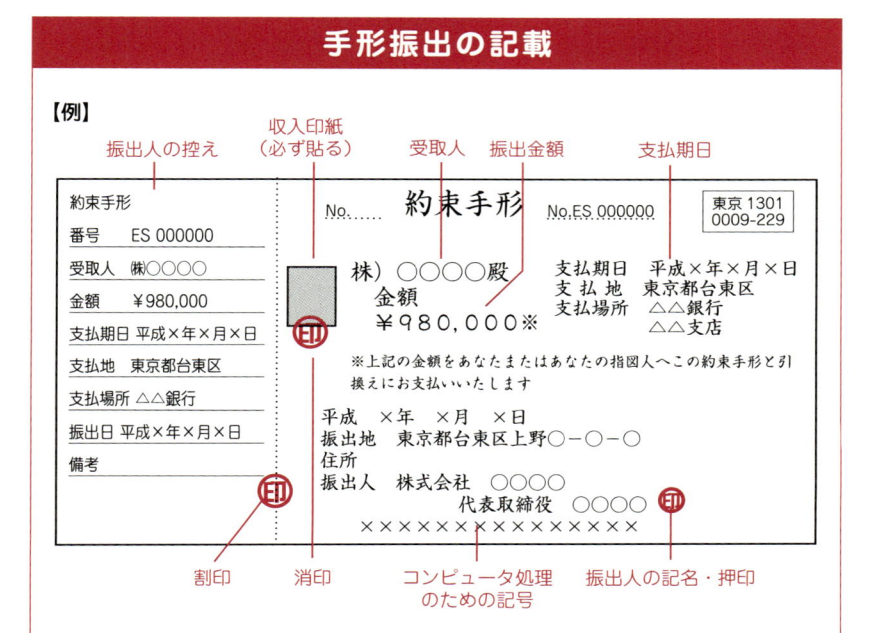

支払期日　平成×年×月×日
支 払 地　東京都台東区
支払場所　△△銀行
　　　　　△△支店

※上記の金額をあなたまたはあなたの指図人へこの約束手形と引換えにお支払いいたします

平成　×年　×月　×日
振出地　東京都台東区上野○－○－○
住所
振出人　株式会社　○○○○
　　　　代表取締役　○○○○
×××××××××××××××

- 割印
- 消印
- コンピュータ処理のための記号
- 振出人の記名・押印

手形振出の管理方法

- 支払期日管理と資金繰り
- 印紙を貼ることと消印
- 紛失盗難に気を付け、金庫に保管する

Point!

☞ 手形の振出しでは記載事項がもれなく記入されているか確認する
☞ 手形の発行は将来に対して大きなリスクを負っているものである
☞ 手形の支払期日に預金不足になると不渡りになる

35 支払手形の記帳方法

手形を発行した時には支払手形記入帳を作成し、いつ、どれだけの手形が決済されるのかを見極め、それにもとづいて資金繰りを立てていくことになります。

1 支払期日（満期日）ごとに整理して記帳する

手形を発行したら、支払手形記入帳に記入して管理します。通常は、銀行別、そして、決済日ごとに整理し、いつ、いくら決済されるのかを明らかにしていきます。

記載洩れがあると、取り返しのつかない事態を引き起こしてしまうことにもなります。この支払手形記入帳をもとに、今後の資金繰りを立案していくことにもなりますので、手形を発行するごとに必ず記載し、発行した手形帳に残された手形の左側の部分（手形の控）との照合を必ず行います。

2 支払手形記入帳によって資金繰りを立案する

手形には決済されるまでの期間である「サイト」があります。その支払日に手形が落ちなければ大変な事態を引き起こしてしまいます。

そうならないためにも、支払場所の銀行ごとに、支払期日、支払金額を前もって確認して、遅くとも支払期日の前日にはあらかじめ当座預金に預金しておかなければなりません。

管理を容易にするために多くの企業では支払期日を特定の日にしたり、支払場所を特定の銀行だけにしたりしています。

サイトに合わせて、しっかりと資金繰りを立案しておかなければなりません。

支払手形記入帳の記帳方法

【例】

受取/支払 手形記入帳

5月が支払期日の手形 ↓

日付		手形種類及び番号	受取先/支払先	銀行	満期日	金額							摘要
3	10	RA4050	㈱小林商店	S銀行	5/31			3	5	0	0	0	0	決済
3	25	RA4053	黒川商事㈱	S銀行	5/31			5	0	0	0	0	0	〃
3	31	RA4054	安倍㈱	S銀行	5/31			9	0	0	0	0	0	〃
4	10	RA4051	㈱小林商店	S銀行	6/30			3	8	0	0	0	0	決済
4	25	RA4055	黒川商事㈱	S銀行	6/30			6	0	0	0	0	0	〃
4	28	RA4056	㈱安川商事	S銀行	6/30			4	5	0	0	0	0	〃
6	10	RA4063	㈱小林商店	S銀行	8/31			4	0	0	0	0	0	
6	25	RA4064	黒川商事㈱	S銀行	8/31		2	3	5	0	0	0	0	

6月が支払期日の手形 ↓

期日管理の方法

- 手形の左側の部分(手形の控)に受取人、金額、振出日、支払期日等を記載。支払期日別に分けて資金繰りに活用する
  ⇒当座預金残高に不足を出さない
- 当座預金からの公共料金や社会保険料等の自動引落日に注意する。
- 取引先からの当座預金入金がスムースか確認する
- 毎月々手形決済月の合計金額を事前に集計しておく

Point!

☞ 支払手形記入帳は支払期日ごとにまとめて記載する
☞ 支払期日の前日には当座預金の残高を必ず確認する
☞ 支払期日、支払銀行を特定して管理を容易にする

36 棚卸資産の管理方法

　棚卸資産とは、販売することを目的に買い入れた商品や、製造した製品等で、在庫として残っているものを言います。その棚卸資産を管理する帳簿が「商品有高帳」です。

1　商品有高帳を作成して管理する

　商品有高帳とは、商品や製品の種類別に在庫を明らかにするための帳簿です。商品や製品を仕入れた時(受入れ)や売上げた時(払出)、その都度、その商品、製品の種類ごとに数量、単価、金額を記入していきます。
　右図のような商品有高帳を作成し、商品、製品の受入、払出についての数量記録を取ることによって、常に商品、製品の種類ごとの在庫数量が帳簿上で明らかとなり、在庫管理に役立ちます。
　なお、この帳簿に記入する時は、原価(仕入た時の値段)を記入します。

2　払出単価の計算方法は会社で決める

　同じ種類の商品や製品を仕入た場合でも、仕入の時期や数量等によって仕入単価が異なる場合があります。例えば、1月にAという商品を100円で5個仕入、2月に同じ商品を200円で3個仕入、この商品を2個販売したとします。この時、いくらの商品を販売したことにするのかを決めておかないと、いくらの商品が売れたのか、在庫金額はいくらなのかがわからなくなってしまいます。この際、一般的に採用されているのが、先に仕入れたものから払出したこととして計算する「先入先出法」(右図A)と商品の受入れのたびに在庫品の平均単価を計算する「移動平均法」(右図B)です。その計算方法は、会社で決めることになっており、決めた方法はむやみに変更することはできません。

棚卸資産（在庫）の管理

【例】　　　　　　　　＜商品有高帳＞

〔品物〕A商品

××年月日	摘要	受入			払出			残高		
		数量	単価	金額	数量	単価	金額	数量	単価	金額
2. 1	繰越	100	200	20,000				100	200	20,000
2.10	仕入	200	230	46,000				300		
3.10	仕入	300	240	72,000				600		
3.15	売上				400			200		

払出単価の割り出し

◆ 3月15日に払出した400個の単価、金額を算出する

A．先入先出法・・・先に仕入たものを先に使って計算

400個
- 2/1　繰越　100個× 200円＝ 20,000円
- 2/10　仕入　200個× 230円＝ 46,000円
- 3/10　仕入　100個× 240円＝ 24,000円

⇨ 金額 90,000円　単価 225円

B．移動平均法・・・直前の数量残と金額残から使用ごとに平均単価をその都度計算

2/10 時点の在庫　＝ 100個＋ 200個＝ 300個
同コスト　＝ 20,000円＋ 46,000円＝ 66,000円　⇨ 単価 220円

3/10 時点の在庫　＝ 300個＋ 300個＝ 600個
同コスト　＝ 66,000円＋ 72,000円＝ 138,000円　⇨ 単価 230円

3/15 の払出　＝ 400個× 230円＝ 92,000円

＊払出欄、残高欄には金額、単価を記入せず数量だけを記入して、期末時点で単価を設定する場合もある。

Point!

☞ 商品有高帳は商品（製品）の種類ごとに作成する
☞ 受入れ時の単価は原価を記入する
☞ 払出の単価の計算方法は会社で設定する

37 固定資産の管理方法

　1年を超える長期間にわたって使用または保有された資産を「固定資産」と呼びます。固定資産の中で、機械や車輌のように時の経過とともに値打ちが下がっていく資産を「減価償却資産」と言い、この資産が「減価償却」をする対象となるものです。

1　固定資産には3種類ある

　固定資産とは、1年を越える長期間にわたって使用または保有された資産を言います。固定資産は、大きく「有形固定資産」「無形固定資産」「投資その他の資産」の三つに分けられます。
① 「有形固定資産」とは、建物、機械、車、土地等、目に見える固定資産です。
② 「無形固定資産」とは目に見えない固定資産です。他人の土地を利用する権利である借地権、発明を登録することによって与えられる特許権等があります。
③ 「投資その他の資産」とは、関連会社の株式や、投資有価証券、長期貸付金等長期の資金運用目的の資産を言います。

2　固定資産は台帳によって管理する

　固定資産についても、他の勘定科目と同じように、建物勘定、機械・装置勘定、車両運搬具勘定等に分類された総勘定元帳があります。
　そのため、建物台帳、機械・装置台帳、車両台帳、備品台帳等の補助簿を作成して、この台帳に個別の物件の記録をします。固定資産についての補助簿を「固定資産台帳」と言います。
　なお、機械等を購入する場合、その機械等を実際に使い始めるまでには、機械本体の代金のほかに、取引運賃、運送保険等いろいろな費用がかかります。機械の取得価額は、これらの費用全部を含めた金額になります。

固定資産の管理

```
                    固 定 資 産
        ┌──────────────┼──────────────┐
    有形固定資産      無形固定資産     投資その他の資産
```

- 工場・建物
- 機　　械
- 車輌運搬具
- 備　　品
　　　…等

- 借 地 権
- 特 許 権
　　　…等

- 投資有価証券
- 長期貸付金
　　　…等

【例】　　　　　　　　　　　＜固定資産台帳＞

名称：＿＿＿＿＿＿　　数量：＿＿＿＿＿＿　科目：＿＿＿＿＿＿
所在：＿＿＿＿＿＿　規格・構造：＿＿＿＿　用途：＿＿＿＿＿
耐用年数：＿＿＿＿＿＿＿＿＿＿　償却方法：＿＿＿＿＿＿

年月日	摘　要	取得価額	減価償却費	償却累計額	帳簿価額	償却期間

【例】　　　　　　　　　＜減価償却資産集計表＞

科目：＿＿＿＿＿＿＿＿＿＿

名称	数量	取得価額	耐用年数	月数	期中増加額	期中減少額	当期償却限度額	当期償却額	期末帳簿価額	減価償却累計額

Point!

☞ 固定資産は品目ごとに「固定資産台帳」によって管理する
☞ 減価償却費は「減価償却資産集計表」によって管理する
☞ 減価償却資産の取得価額には購入のためにかかった費用も加える

38 有価証券の管理方法

有価証券とは、会社が取得した国債、地方債、社債、株式等をいい、購入または売却した際には、「有価証券管理台帳」で管理します。

1　有価証券の金額は購入代金に買入手数料等を加える

　有価証券の購入数量に単価を乗じたものを購入代価と言いますが、帳簿には、証券会社に支払った手数料等を加えた取得価額を記録します。

　株式を売却した時には、「有価証券管理台帳」に、売却日・売却数量・売却価額を記録します。この時、証券会社に支払った手数料は「支払手数料」として費用に計上するので要注意です。

　なお、有価証券を売却した際発生する「有価証券売却益」は収益、「有価証券売却損」は費用になりますので、「有価証券管理台帳」に必ず金額を記録しておきます。

2　目的によって「有価証券」と「投資有価証券」に区分けする

　株式等の有価証券は、証券取引所に上場されているものと上場されていないものとがあります。上場されている有価証券は、いつでも換金できます。

　期末に保有している上場有価証券のうち、期末の翌日から１年以内に売却予定のものは「有価証券」勘定で処理します。また、上場有価証券で１年を超えて保有する目的のものや、非上場の有価証券は「投資有価証券」勘定で処理します。

　有価証券の目的、内容に応じて、処理する勘定科目は変わります。

有価証券の管理

```
                    有 価 証 券
        ┌──────┬──────┼──────┬──────┐
       国債    社債   株式   地方債  電力債
                                          …等
```

【例】　　　　　　　＜有価証券管理台帳＞

日付	銘柄	数量	取得価額	売却日	売却数量	売却価額	売却損益	支払手数料	備考

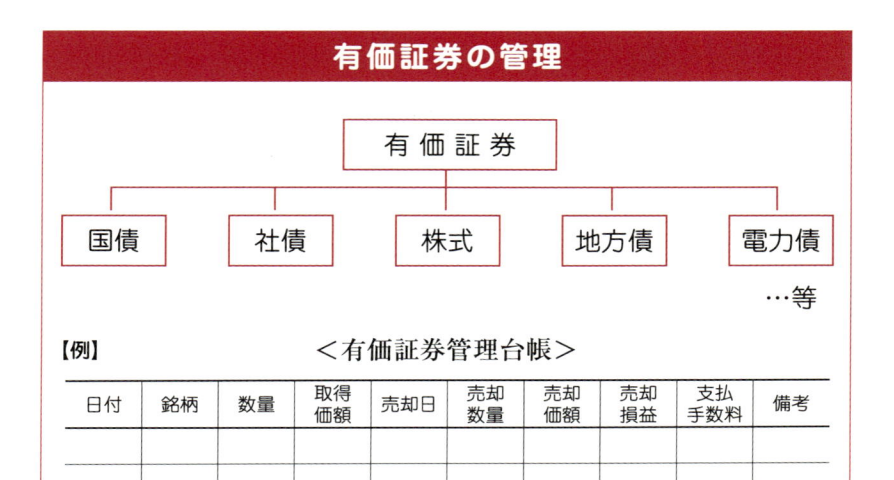

- 日付は購入した日付を記載
- 銘柄は購入した株式・社債の種類ごとに記載
- 数量は、株式は○株、社債は○口と表示
- 取得価額は株式・社債の代金の他に、証券会社に支払った手数料等の付随費用を加算
- 売却日は証券会社等に売却した日付
- 売却価額は売却した株式・社債等の金額を記載。ただし、証券会社に支払った手数料は含まない
- 売却損益は取得価額と売却価額の差額を記載。売却益と売却損を区別するため、売却損には（−）をつける

Point!
☞ 有価証券を取得した際にかかる手数料等は取得価額に加える
☞ 有価証券を売却した際にかかる手数料等は費用に計上する
☞ 有価証券の目的、内容によって「有価証券」と「投資有価証券」に区分けして処理する

39 借入金の管理方法

　外部からの資金調達の最たるものが金融機関からの借入金であり、身の丈に合った調達をしないと、将来禍根を残すことにもなりかねません。

1　有利な借入方法を選択する

　金融機関からの借入には、右図のように手形借入、証書借入、当座貸越、手形割引の四つの方法があります。それぞれの性格は異なり特徴があるので、借入の目的に応じて、自社の実態に適した有利なものを選択することが大切です。

　一般的な借入は手形借入と証書借入です。当座貸越は一時的な資金不足や資金調達に対応でき、必要な金額を必要な期間だけ借りることができます。また、手形割引は、割引の枠内でしかできません。枠を使い切ってしまうと、いざという時に割引できなくなるので、割引は手形の金額とサイトを考慮して計画的に行うことが大事です。

2　必要のない借入はしない

　自己資金でなく借入したものであっても、お金が手許にあると安心できるという心理が働きます。しかしながら、資金が手許にあるが故に安易に使ってしまい、借金体質から抜け出せない会社も多々あります。資金が不足したからといって安易にお金を借入れるのではなく、手持ちの資産をやり繰りしたり、支払の工夫等によって資金繰りをつけていくことが必要です。借入をすれば当然利息が付き、その利息負担で儲けが食いつぶされてしまいます。適正な現預金の残高を見定め、必要とする金額のみを借入するという視点が大切です。

借入金の管理

＜金融機関借入の方法と特徴＞

	手形借入	証書借入	当座貸越	手形割引
借入方法	金融機関に約束手形を振出すことにより借入れる方法	金融機関と金銭消費貸借契約書を交わすことにより借入れる方法	金融機関と当座貸越契約を結んで、手形・小切手を振出すことにより借入れる方法	回収した手形を金融機関に買い取ってもらうことにより借入れる方法
借入期間	1年以内の短期	1年以上の長期	限定なし	6ヶ月以内の短期
返済方法	一括返済	分割返済	随時返済	振出人の支払日決済による自動返済
利息の支払	前払い	後払い	後払い	前払い
利率	低め	手形借入より高め	手形借入より高め	手形の内容次第
借り易さ	比較的容易	比較的難しい	難しい	容易

借入金の返済方法

元利均等返済…毎月の返済金額を同額にして、その中で元金返済分と金利に分ける

元金均等返済…元金は毎月同額で、当初は金利が多い分、元利返済が多額になる

Point!

☞ 借入金総額の目安を試算しておく
☞ 金融機関からの借入金限度額を確認する
☞ 目的に応じて最も有利な借入方法を選ぶ
☞ 当座貸越を上手に利用する
☞ 必要以上の借入はしない

40 給与の管理方法

毎月必ずやらなければならない経理の仕事に、給与の計算と支払があります。この給与計算は所定の手続きに従って、慎重に行わなければなりません。

1 控除される項目には「社会保険料」「源泉所得税」「住民税」「雇用保険料」等がある

　法律では、給与台帳の作成が義務付けられています。その給与台帳には、基本給や役職手当等毎月決まって支給される給与である基準内賃金と、時間外手当や休日手当等の基準外賃金を計算し、総額を算出して記入します。

　この総額から法律で定められた「社会保険料」「源泉所得税」「住民税」「雇用保険料」等を控除します。給与支払の際、各人ごとにこれらを計算します。

　「社会保険料」は「標準報酬月額保険料額表」、「源泉所得税」は「源泉徴収税額表」、「住民税」は市町村から送付される「特別徴収税額の決定・変更通知書」、「雇用保険料」は「雇用保険料額表」から求めます。

2 給与支払明細書は必ず本人に手渡す

　総支給額から控除額を引いた金額がその月の支給額となり、給与支給日に支給されることになります。労働基準法では、給与は通貨で直接本人に払うことになっていますが、本人の同意があれば本人の預金口座に限り、銀行振込での支給を認めています。

　その際、午前10時には引出ができるようにしておく必要があります。銀行振込の場合であっても、「給与支払明細書」は必ず本人に手渡さなければなりません。

給与台帳

【例】

給 与 台 帳　　　平成　年　月　日

賃　金　月　額		月分	月分		月分	月分	月分	合　計
所　　属								
氏　　名								
月例賃金	ア 基本給							円
	イ 家族手当							
	ウ 職務手当							
	エ 早出残業手当							
	オ 深夜手当							
	カ 休日手当							
	キ							
	ク							
	ケ							
	コ							
	サ							
	シ							
	A 月例賃金計							
B 非課税分賃金額								
C 支給金額合計								
社会保険料控除額	ス 健康保険							
	セ 厚生年金保険及び基金掛金							
	ソ 雇用保険							
	D 小　　計							
E 差引控除後の金額 A－D								
控除金額	タ 所 得 税							
	チ 市町村民税							
	ツ							
	テ							
	ト							
	ナ							
	F 小　　計							
差引支給額 C－D－F								

Point!

☞ 給料は毎月1回以上、決められた日に支給しなければならない

☞ 給料から控除される項目は決められている

☞ 社会保険料、源泉徴収税、住民税、雇用保険料は個々人からの預り金である

41 社会保険の仕組み

　健康保険と厚生年金保険をあわせて、社会保険と言います。それぞれの保険料は毎月の給与から天引きし、どちらの保険料も会社がその一部を負担して支払います。

1　社会保険料は負担と給付の両方に関係している

　毎月の健康保険料（介護保険料含む）と厚生年金保険料は、標準報酬月額にそれぞれの保険料率を乗じて決まります。

　標準報酬月額は、給与額を等級（範囲）で区切って簡便化した「標準報酬月額表」で一覧できます。

　例えば、給与の月額が 29 万円以上 31 万円未満の人は 30 万円、31 万円以上 33 万円未満の人は 32 万円という具合に標準報酬月額が決定されます。

　また標準報酬月額は、保険料だけでなく、健康保険の給付額や厚生年金の金額の計算基準にもなっているので、負担と給付の両面で非常に重要な役割を果たしています。

2　社会保険料は賞与からも徴収される

　健康保険料、介護保険料及び厚生年金保険料は、賞与からも徴収されます。徴収される保険料は、標準賞与額にそれぞれの保険料率を乗じることで決まります。

　標準賞与額とは、各被保険者に支給される実際の賞与等の額から 1,000 円未満の端数を切り捨てた額をいい、対象となる賞与等とは、賞与、期末手当、決算手当等名称を問わず、労働の対価として 3 ヶ月を超える期間ごとに支給されるものをいいます。

社会保険のあり方

＜社会保険の概要＞

		給　付	費用の負担
社会保険	健康保険	仕事以外の病気やケガ等	会社、従業員 折半負担
	介護保険	高齢による介護等	
	厚生年金保険	老齢、傷害、死亡等	

＜厚生年金・健康保険保険料の取扱い＞

個人負担分
- 厚生年金保険料
- 健康保険保険料

給与 → 天引き → 経理上の取り扱いは… 預り金

会社負担分
- 厚生年金保険料
- 健康保険保険料

→ 経理上の取り扱いは… 法定福利費

月末に納付※ → 金融機関

※自動引き落としが一般的

＜社会保険料の算出方法＞

標準報酬月額　×　保険料率

Point!
- 社会保険料は毎月の給与から天引きし、翌月末日に支払う
- 社会保険料の会社負担分は「法定福利費」で処理する
- 給与から天引きする社会保険料は「預り金」で処理する

42 労働保険の仕組み

労働保険は、アルバイトを1人でも雇用すれば加入義務があり、適用事業所となり、手続きを行って労働保険料を納めなければなりません。

1　労働保険は二つの保険から成り立っている

労働保険とは、労働者災害補償保険と雇用保険の総称です。

労働者災害補償保険は、一般的には「労災保険」と呼ばれ、労働者が業務上の災害や通勤による災害を受けた場合に、被災労働者や遺族を保護するために必要な保険給付を行うものです。また、労働者の福祉の増進を図るための事業も行っています。

一方の雇用保険は、労働者が失業した場合や雇用の継続が困難になった場合に必要な保険給付を行うものです。

2　労災保険料と雇用保険料はまとめて年1回納める

労災保険料と雇用保険料は、それぞれ別に納付するものではなく、合算して「労働保険料」いう形で納めることになっています。

労働保険料の算定は、4月から翌年3月迄の「年度」を基準として向こう1年分の見込みの保険料を先に支払っておき（概算保険料）、年度末の3月が到来したら、保険料を確定して（確定保険料）、過不足を調整する確定精算を行います。

このように、新年度の概算保険料を納付するということを毎年度繰り返していきます。なお、従業員の給料と賞与からは、月額表に従って毎月保険料を控除しておきます。

労働保険のあり方

＜労働保険の概要＞

		給　付	費用の負担
労働保険	労災保険	業務災害、通勤災害等	全額会社負担
	雇用保険	失業保険等	会社、従業員負担（折半ではない）

＜注意したい労働保険料の経理処理＞

労働保険料の内訳		勘定科目
前年度分不足額		法定福利費
前年度分超過額		前払費用
新年度概算分（4月以降）	労災保険	前払費用
	雇用保険	

＜労働保険料の算出方法＞

- 保険料＝従業員に支払う給与の年間総額 × 保険料率
- 年1回概算で納付
- 1年経過後に労働保険料を計算し、概算額と精算

Point!
☞ 労働保険料の会社負担分は「法定福利費」で処理する
☞ 雇用保険料は月々ごとにの給与から控除される
☞ 労災保険は従業員がいれば強制加入であり、全額会社負担である

43 製造原価の仕組み

製品を製造する会社では、その製品コストである「製造原価」を「材料費」「労務費」「経費」に区分けして計算します。

1 製造業等では製品を作るのに費用がどれだけかかったか計算する

製造業や建設業では、自社で作っているものを販売するため、商品ではなく「製品」になります。商品を仕入販売している販売業等の「仕入高」の代わりが「当期製品製造原価」となります。

費用の中で、販売と管理にかかわるものと製造にかかわるものとに区分けし、製品作りにかかわった費用が「当期製品製造原価」になります。「当期製品製造原価」は、通常「材料費」「労務費」「経費」に区分けして、計算します。

つまり、この「当期製品製造原価」によって、全ての製品作りに直接どれだけのコストがかかったかがわかります。

2 製造コストについて「製造原価報告書」を作成する

製品作りに直接かかった費用の明細書が「製造原価報告書」です。製造業等の決算では、この報告書も作成しなければなりません。損益計算書に計上される「当期製品製造原価」の内訳書が「製造原価報告書」となり、損益計算書に添付されるのが一般的です。

なお、右図のように、「当期総製造費用」は「材料費」「労務費」「経費」を加えて計算します。この当期総製造費用に期首仕掛品棚卸高をプラスし、期末仕掛品棚卸高をマイナスして当期製品製造原価を算出します。

製造原価のあり方

<製造原価の3要素>

材料費	一定期間内において、消費された材料の購入費用	原価の三要素
労務費	労務によって生じる製造部門の賃金や福利厚生費等	
経　費	製造部門の水道光熱費や修繕費等	

⇩

製造原価報告書で把握

<製品原価の仕組み>

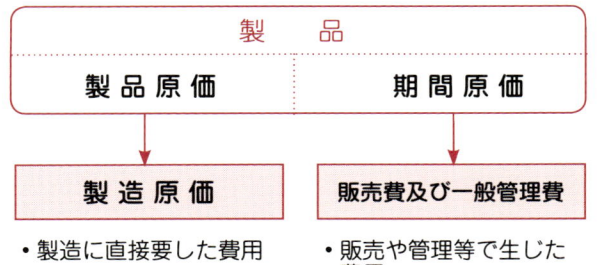

```
           製　　　品
┌─────────────┬─────────────┐
│  製品原価   │  期間原価   │
└──────┬──────┴──────┬──────┘
       ▼             ▼
 ┌──────────┐  ┌────────────────┐
 │ 製造原価 │  │販売費及び一般管理費│
 └──────────┘  └────────────────┘
・製造に直接要した費用  ・販売や管理等で生じた
                         費用
```

当期総製造費用	＝材料費＋労務費＋経費
当期製品製造原価	＝期首仕掛品棚卸高＋当期総製造費用－期末仕掛品棚卸高

Point!
☞ 製造業等の会社は「製造原価報告書」を作成しなければならない
☞ 製造原価は「材料費」「労務費」「経費」の3区分で試算する
☞ 費用は「製品原価」と「期間原価」に区分けして管理する

44 税金の仕組み

　会社が負担する税金には、「国税」と「地方税」があり、会社の利益に連動する法人税、事業税、法人住民税と、会社の取引に付随して発生する消費税が中心となります。

1　税金は国税と地方税に区分けされる

　国が課す税金を「国税」、地方公共団体が課す税金を「地方税」といいます。その種類は右図の通りです。法人税や法人都道府県民税、法人事業税等は会社の儲け、つまり、利益をベースに計算されます。また、会社が商品等を売った時は買い手から消費税を受領しますが、それと会社が支払った消費税とを計算して、消費税を納税することになります。

　なお、会社が納める税金を決定する方式には「申告納税方式」と「賦課課税方式」の二つがあります。経理の実務で大切なのは、申告納税方式の税金、特に「法人税」「法人都道府県民税」「法人市町村民税」「消費税」です。

2　決算が済んだら確定申告書を作成、提出して税金を納付する

　法人税は、所得金額に対して課税されます。所得金額＝益金－損金で計算されます。その益金、損金は、収益、費用とイコールではありません。例えば、接待交際費は経理上では費用ですが、法人税では一部または全部を費用としては認めていません。

　しかし、所得金額は利益を無視して計算するのではなく、利益をベースに費用等の加算・減算をして、申告書によって計算します。つまり、税金の申告書は、決算書の金額がベースになるのです。よって、利益が赤字であっても所得金額は黒字となり、法人税を支払う場合もあります。

取り巻く様々な税金の種類

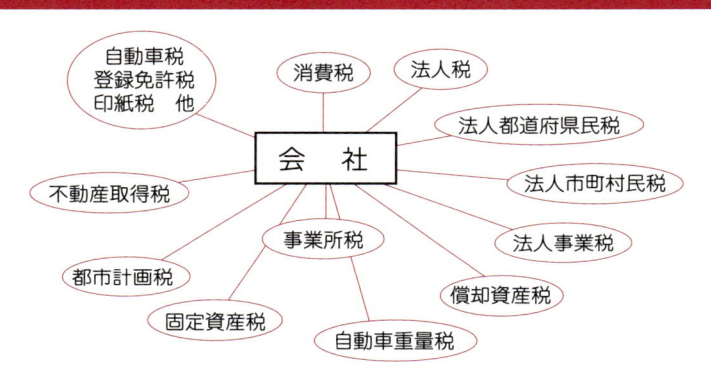

会社を取り巻く税金：
- 自動車税、登録免許税、印紙税 他
- 消費税
- 法人税
- 法人都道府県民税
- 法人市町村民税
- 法人事業税
- 償却資産税
- 自動車重量税
- 固定資産税
- 事業所税
- 都市計画税
- 不動産取得税

＜国税と地方税の分類＞

国税	国に納付する税金（法人税、消費税、印紙税、登録免許税、自動車重量税等）
地方税	都道府県、市町村に納付する税金（法人都道府県民税、法人市町村民税、法人事業税、固定資産税、都市計画税、不動産所得税、事業所税等）

＜納付方式＞

申告納税方式	納税者自ら税金を計算して納付（法人税、消費税、法人都道府県民税、法人市町村民税、事業税等）
賦課課税方式	地方公共団体が納税額、納税期限を決めて通知が行われ納付（固定資産税、自動車税、不動産所得税等）

Point!

- どのような場合に、どのような税金を、いつまでに支払うのかを把握しておく
- 法人税等の税金の計算は、決算書が出発点である
- 法人税は利益ではなく、所得に対して課税される（所得＝利益ではない）

45 金融機関との付き合い方

　金融機関からの信頼を得て実績を築いていくことは、今後の会社運営にとって必要不可欠であり、いざという時の融資支援にも大きな影響を与えます。

1　無理のない範囲で金融機関に協力する

　金融機関から融資を受けるためには日頃から実績を作り、信用を得ておく必要があります。その具体例が右図の「金融機関との付き合い方のポイント」です。

　その実績作りのためには、特に定期預金等の預入、口座への直接入金、口座を通した支払、自動引落の利用等の取引を普段から行うことが大切です。但し、資金繰りが苦しい時に、無理をしてまで預金協力をする必要はありません。

　また、担当者が依頼してきたことが、特に負担にならなければ、協力しておくことによっても信頼は高まります。担当者と上手に付き合っていれば、色々な情報を得ることもできます。

2　支店長や融資担当者との付き合いを深める

　金融機関から見た評価の基準は、決算書等の数字だけではありません。経営者の能力や経営に対する考え方、事業の将来性等が総合的に評価されます。

　こうした数字以外の評価は、日頃の付き合いの中でなされます。そこで、定期的に金融機関を訪問し、現状を報告したり、また、来社してもらい現場を知ってもらう等、接点を増やすことによってコミュニケーションを深めていくことが大切です。

　コミュニケーションなくして信頼は得られません。

金融機関との付き合い方のポイント

1. 返済日は絶対に守る。
2. 金融機関は一行に絞らず、複数と付き合い、リスクを分散する
3. 過度に交渉しない
4. 絶対に言い合い、ケンカはしない
5. ある程度、口座残高を維持する
6. 支店長、融資担当者とのコミュニケーションを密にする
7. 急な融資、解約を行わない
8. 定期的に訪問してもらい、現場を知ってもらう
9. 決算内容は明確に伝える

⇩

- 取引している金融機関の特徴を知っておく。
- 金融機関ごとの預金、借入金内容を整理しておく。
- 金融機関ごとに融資枠（後どの位迄借入れることができるのか）を知っておく。

Point!
☞ 金融機関との付き合いで重要なことは信頼を深めることである
☞ 双方の発展につながる関係を築くことが基本
☞ 日頃から金融機関を会社経営の味方にして、会社の発展のために協力してもらうという発想を持つ
☞ 金融機関は複数と付き合う

第4章　キーワード

用　語	意　味
移動平均法	商品の受入のたび、在庫商品の平均単価を計算する方法
収入印紙	契約書、手形、受取書等の文書を作成した時にかかる税金である印紙税を納めるもの
売上帳	売上記録をつけるために作成し、日付、得意先名、品名、数量、単価、金額等を記載
売掛金集計表	売上先元帳から売上先の総合計及び現金の売上、入金を表し、その月の総売上高、売掛金の総受取額、売掛金残高を表示
裏書手形	回収した手形のうち、仕入先等に譲渡した手形
買掛金集計表	仕入先元帳から仕入先の総合計及び現金の仕入、支払を表し、その月の総仕入額、買掛金の総支払額、買掛金残高を表示
延滞金	納期限までに県税を納めない時に徴収されるもので、納期限の翌日から納付の日までの期間に応じて算出される
延滞税	定められた期限までに国税を完納しない場合に、法定納期限の翌日から納付する日までの日数によって算出される、延滞損害金に相当する税のこと
過怠税	印紙税がかかる文書に収入印紙を正しく貼らなかった場合に課せられる税金
元金均等返済	借入金に対し元金を毎月同額で返済する方法
元利均等返済	借入金に対し毎月の返済金額を同額にして、その中で元金返済分と金利とに分けられる方法
現金出納帳	現金の受入や支払を管理する補助簿

用　語	意　　味
源泉所得税	従業員の給料や賞与に対して課せられる税金で、給料から天引きして会社から納める
工事完成基準	建設業等に使用され、工事が完了し引渡した時点で売上を計上する方法
工事進行基準	建設業等に使用され、長期の工事等で工事の進行に合わせて売上を計上する方法
国税	法人税や消費税等、国に納付する税金
固定資産台帳	固定資産を管理するための帳簿で、取得日、取得価額、減価償却費累計額、帳簿価額等を記載
雇用保険料	従業員が失業した場合、生活の安定を図れるよう救済することを目的に、会社、従業員が負担する保険料
サイト	手形等が決済されるまでの期間
先入先出法	先に取得したものから順次支払が行われ、期末棚卸品は最も新しく取得されたものからなるとみなして、期末棚卸品の価額を算定する方法
社会保険料	健康保険料と厚生年金保険料で、会社と従業員が折半して負担する
仕入先元帳	買掛金を管理するために取引先ごとに作成し、日付、品名、数量、単位、仕入金額、支払金額、残高を記載
仕入帳	仕入記録をつけるために作成（日付、仕入先名、品名、数量、単位、金額等を記載）
仕入値引	仕入れた商品等に何らかの欠損があった等の理由で当初の約束より値段を下げること

用　語	意　味
仕入戻し	仕入れた商品を仕入先に返すこと
仕入割引	買掛金等を通常よりも早く支払って割引を受けること
締日	取引を1ヶ月単位で締める日。前月21日から当月20日までであれば、「20日締め」となる
証券取引所	株式や債券の売買取引を行うための施設
上場	証券取引所へ株式を公開すること。株式公開とも言う
住民税	個人が前年の所得に対して都道府県、市区町村に収める税金
商品有高帳	商品の在庫を管理するために作成(商品ごとに受入、払出について、日付、数量、単価、金額等を記載)
線引小切手	平行線の間にBANK等と書かれた小切手で、銀行や銀行と取引のある者に対してのみ支払われる
地方税	法人都道府県民税や法人事業税等都道府県、市区町村に納付する税金
手形	一定の期日に一定の金額を支払うことを委託、または約束した有価証券
手形記入帳	受取手形や支払手形を管理するため作成(日付、手形の番号や銀行名、支払日、金額等を記載)
手形交換所	各金融機関が毎日集まって手形交換を行う場所

用　語	意　味
投資その他の資産	固定資産のうち、有形固定資産にも無形固定資産にも分類されていない資産。投資有価証券等
得意先元帳	売掛金を管理するために取引先ごとに作成し、日付、品名、数量、単価、売上金額、受取金額、残高を記載
引渡基準	相手方へ商品等を引渡したという事実をもって売上計上する方法
振替貯金払出証書	小切手のようなもので、相手の振替口座から証書で払出され、その証書を郵便局に持っていくと現金で支払われる
振込手数料	取引先等に金融機関を通じて振込みを行った際にかかる手数料
不渡り	受取った小切手や手形を呈示したものの振出人の預金残高不足等で支払われないこと
法人税	会社が決算数字をもとに所得金額を算出し、これに所定の税率を掛けて算出された国に収める税金
無形固定資産	固定資産のうち、借地権や特許権のように目に見えない資産
有形固定資産	固定資産のうち、機械や車輌のように目に見える資産
有形固定資産台帳	有形固定資産を管理するために作成（取得価額や減価償却費等について記録）
郵便為替証書	郵便為替による送金の際に発行される証書で、受取人はこの証書と引換えに郵便局で現金を受取ることができる
割引手形	回収した手形を金融機関に買い取ってもらうこと

第5章

いよいよ決算書を作ってみよう！

― 経理のゴール ―

これまでに学んできたように、1年間に生ずる日常の取引はすべて仕訳され、帳簿に記録されます。いよいよ経理業務の目的地である決算の流れ、そのやり方を把握します。

1時間目 ○　2時間目 ○　3時間目 ○　4時間目 ○　**5時間目 ●**　6時間目 ○

46 決算とは何か

　継続して行われる経営活動を、時間的に強制的に区切る（通常1年間）ことによって経営成績や資金の状態を測定することを「決算」と呼びます。決算は企業の1年間の業績を確定するものです。

1　決算の時、作成される主だった書類が「損益計算書」「貸借対照表」である

　帳簿に記録された1年分の取引は、ぼう大な量になります。この総まとめがいわゆる「決算」です。めでたく決算が済むと、主だった二つの書類が作成されます。

　一つを「損益計算書」といい、これを見ると1年間の「儲け」がわかります。もう片方は「貸借対照表」といって、決算日の「財産」の状態を表します。

　簿記の目的は、まさにこの「儲け」と「財産」を明らかにすることです。「損益計算書」と「貸借対照表」の完成が簿記の最終目標と言えます。

2　決算書は会社の通信簿である

　作成された決算書は、税務署へ提出しなければならないものです。また、金融機関等から提出を求められる場合もあります。

　しかし、決算書は提出を目的に作成されるばかりでなく、会社の経営活動の取りまとめですから、会社の実態を如実に表している通信簿であると言えます。決算書を見ることによって、現状どういったところが健全なのか、また、課題として解決すべきところはどこかがわかります。正確な決算書作りは、経理の使命です。この決算書によって、今後の経営の舵取りが行われると言っても過言ではありません。それだけに決算書は、会社にとって重要な書類と言えます。

決算とは

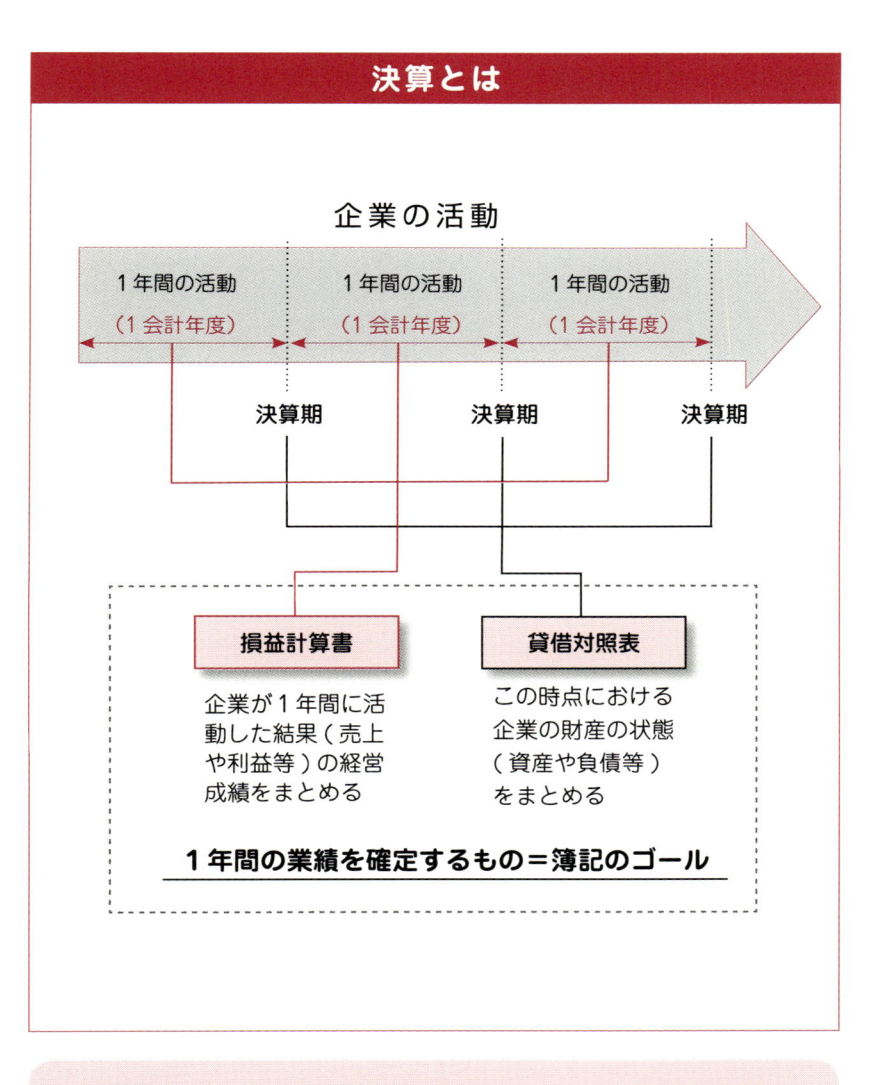

企業の活動

1年間の活動 (1会計年度)	1年間の活動 (1会計年度)	1年間の活動 (1会計年度)

決算期　　決算期　　決算期

損益計算書

企業が1年間に活動した結果(売上や利益等)の経営成績をまとめる

貸借対照表

この時点における企業の財産の状態(資産や負債等)をまとめる

1年間の業績を確定するもの＝簿記のゴール

Point!

☞ 会社は年1回必ず決算をしなければならない
☞ 決算書の中心は損益計算書と貸借対照表である
☞ 決算書の内容をみることによって会社の実態が把握できる

47 決算書の作成

決算は1年間の業績を確定するためのものであり、簿記のゴールとも言えるものです。残高試算表の作成、決算整理、精算表の作成というステップを踏んで、決算書を作成していきます。

1 残高試算表が決算の出発点である

決算を行う際には、月々ごとに作成した残高試算表をベースに1年分をまとめた年次の残高試算表を使用します。

決算ではまず手始めに、この残高試算表を作成し、帳簿記入にミスがなかったかどうかを確認します。この残高試算表をスタート地点として決算整理等の修正を施し、決算書である損益計算書や貸借対照表を作成することになります。

2 決算整理の内容は大きく四つある

残高試算表に示された勘定科目の中には、決算日現在の正確な金額を表わしていないものがあります。そこで、正しい金額にするため、下記の内容に区分けして、実態に即して修正を行います。

①減価償却…建物・機械等の価値の減少に伴い費用の計上を行います。
②評価…在庫の期末評価によりその金額を把握したり、所有株式の時価を計算したりします。
③収益・費用の調整…12ヶ月目の締日から期末までの間に発生した費用・収益を計上し、年払等の費用や年間で受領した収益等を会計期間に合わせて調整します。
④引当金…売掛金等の回収不能に備えて引当金を設定します。
その他、期末時点を見定めて実態に即していないものも修正を加えます。

決算書作成までの流れ

12ヶ月間の試算表のまとめ

各々の勘定科目についての合計金額や残高を求め、一覧表にする

⇩

決算整理

帳簿を締め、決算日現在の正確な金額にする

⇩

精算表の作成

決算整理前の残高試算表に決算整理を施し、貸借対照表と損益計算書を作成する過程を一つの表にする

⇩

決算書の作成

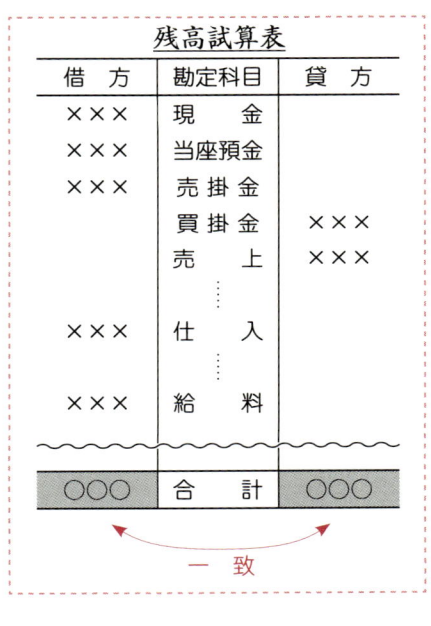

残高試算表

借　方	勘定科目	貸　方
×××	現　　金	
×××	当座預金	
×××	売掛金	
	買掛金	×××
	売　　上	×××
×××	仕　　入	
×××	給　料	
○○○	合　　計	○○○

一致

決算整理

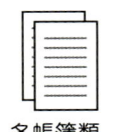

各帳簿類 → 帳簿上の残高を実地調査等にもとづき修正すること

Point!

☞ 決算書作成にはストーリーがある
☞ 月々ごとに作成される正しい残高試算表が決算書のベースになる
☞ 決算期特有の決算整理という作業がある

48 試算表の作成

　試算表とは、総勘定元帳からすべての勘定科目についてそれぞれの合計金額や残高を求めて、それを一覧表にしたものです。資産・負債・純資産・収益・費用の順に勘定科目を並べます。日々の取引を仕訳した時に間違いがなかったか確かめることができます。

1　試算表には3種類ある

　試算表には右図のように3種類あり、自社にあった使用しやすい試算表を選びます。

　①合計試算表…全ての勘定の借方合計と貸方合計を集めた表
　②残高試算表…全ての勘定の残高(貸借差額)を集めた表
　③合計残高試算表…合計試算表と残高試算表を一つの表にまとめたもの

　なお試算表は、一般的には「合計残高試算表」が使用されており、毎月末に作成する「月次残高試算表」と、年度末に行う決算に備えて、1年分の勘定残高を確定する「年次残高試算表」があります。

2　試算表を作成していく上での手順がある

　残高試算表の作成は、特に難しいことはありません。
　総勘定元帳からその残高を一覧表に記入して、借方・貸方の合計額を算定するだけです。残高試算表の借方・貸方の合計額が一致していれば、仕訳帳等からの転記ミスはなかったことになります。このように残高試算表には、ミスをチェックする機能があります。
　なお、残高試算表は各勘定の残高の一覧表なので、毎月の各勘定の推移を把握することができます。

3種類の試算表のフォーム

【例】 合計試算表

借方合計	月中取引高	前月からの繰越高	勘定科目	前月からの繰越高	月中取引高	貸方合計
2,000	1,600	400	現　金	200	1,000	1,200
			当座預金			
600	400	200	買掛金	800	800	1,600
40,000	○○○	○○○		○○○	○○○	40,000

【例】 残高試算表

借方残高	勘定科目	貸方残高
800	現　金	
	当座預金	
	買掛金	1,000
24,000		24,000

【例】 合計残高試算表

借方		勘定科目	貸方	
残　高	合　計		合　計	残　高
800	2,000	現　金	1,200	
		当座預金		
	600	買掛金	1,600	1,000
24,000	40,000		40,000	24,000

Point!

☞ 試算表は各勘定の残高がわかり、業績の推移が把握できる
☞ 試算表は月々ごとに作成する
☞ 試算表には「月次残高試算表」と「年次残高試算表」とがある

49 精算表の作成

精算表とは、決算整理前の残高試算表に決算整理を施し、損益計算書と貸借対照表を作成する過程を一つの表にしたものです。精算表は損益計算書や貸借対照表を本格的に作成するに先だって、決算の見通しをつけるために作成します。

1 精算表を作成するには手順がある

精算表作成の手順は、下記の通りです。
①資産・負債・純資産の金額を貸借対照表欄に移します。
　残高試算表欄の金額のうち、資産・負債・純資産の金額を貸借対照表欄に移します。その際、決算整理の対象となる科目については、修正記入欄の金額を加減してから移します。
②費用・収益の金額を損益計算書欄に移します。
　費用・収益の金額は損益計算書欄に移すのですが、決算整理の対象となる科目については、修正記入欄の金額を加減してから移します。
　このような手順を踏んで精算表を作成していきます。

2 当期純利益は損益計算書、貸借対照表とも貸借の差額で計算する

損益計算書欄の収益合計から費用合計を差引くと、当期純利益になります。一方、貸借対照表では、資産合計から負債・純資産合計を差引いて求めます。この際、損益計算書で計算した金額とピタリと一致します。一致しなければ、どこかに記入ミスがあることになります。

これを確認して決算の見通しが立つと、決算の本手続きに入ります。修正記入を行い今期の帳簿を締め切り、正式の損益計算書と貸借対照表を完成させます。

精算表のフォーム

【例】　　　　　　　　精　算　表

勘定科目	残高試算表		修正記入		損益計算書		貸借対照表	
	借方	貸方	借方	貸方	借方	貸方	借方	貸方
資産の勘定	○○○		(+)	(−)			3,000	
負債の勘定		○○○	(−)	(+)				1,500
純資産の勘定		○○○	(−)	(+)				1,400
収益の勘定		○○○	(−)	(+)		2,000		
費用の勘定	○○○		(+)	(−)	1,900			
当期純利益					100			100
合　計	○○○	○○○	○○	○○	2,000	2,000	3,000	3,000

整理仕訳をこの欄に記入し残高試算表の金額に加減

当期純利益は損益計算書貸借対照表ともピタリと一致

※当期純損失が出たときは、借方・貸方が逆になる

Point!

☞ 精算表で決算の見通しをつける
☞ 精算表は損益計算書と貸借対照表を作成する過程を一覧表示のスタイルで示したものである
☞ 精算表を作成することで期末における決算作業が単純化できる

50 現金・預金の残高確認 ― 決算整理①

　毎日の現金チェックの際に、手元の現金と帳簿残とが合致しなかった場合は、期末時点で現物に帳簿残を合わせます。また、全ての預金については取引銀行から「預金残高証明書」を取り寄せ、その残高に帳簿残高を合わせます。

1　現金は帳簿残高を手元現金に合わせる

　現金の管理では「現金出納帳」という補助簿を利用するのが一般的です。１日の終わりに帳簿残高と手元の現金残高が合っているか否かを確認します。

　もし、過不足があった場合、いったん「現金過不足」勘定として処理します。原因を追求し、期末時点でもどうしても判明できない場合、「雑収入」または「雑損失」で処理します。その際には、手元現金残高に帳簿残高を合わせることになります。

　過不足が生じないよう、毎日しっかりと確認を取っていくことが肝要です。

2　当座預金残高調整表を作成する

　決算日現在の全ての預金の「預金残高証明書」を取引銀行に依頼して取り寄せます。これと会社の帳簿残高を突き合わせ、「預金残高証明書」の残高に合わせます。

　また、振出した小切手が決算日現在、取引銀行へ呈示されておらず、当座預金から引き落とされないことがあります。

　小切手を振出した時、その金額だけ帳簿残高から引き落として処理をしているので、このような場合、「預金残高証明書」の金額と食い違いが生じます。食い違いがあった場合は、「当座預金残高調整表」を作成し、調整します。

現金・預金の残高確認

＜手元現金と帳簿残高が一致しない場合の処理＞

もし一致しない場合
↓
現金過不足勘定処理 ……実際の残高に帳簿残高を合わせておくこと

↓
原因追求 → 原因が判明した場合 → **現金過不足勘定を戻す**
　　　　 ↘ 期末まで判明できない場合 → **「雑収入・雑損失」として仕訳して処理**

＜当座預金残高調整表の作成＞

【例】　　　当座預金残高調整表（〇〇銀行△△支店）

会社名：㈱××　　事業年度：××年7月期　　調書作成者：＋＋＋＋

　　　　　会社帳簿残高　　　3,365,890
　　　　　未取付小切手合計　　238,500

（内訳）

振出日	振込先	小切手番号	金額	落帳日
××・7・31	㈲××運送	AA113977	112,000	××・8・2
〃・〃・〃	㈱〇〇〇〇	AA113978	126,500	××・8・3

決算日7月31日現在銀行の当座預金から支払われていない

Point!

☞ 手元現金と帳簿残高とに差異がある場合、「現金過不足」勘定で処理する
☞ 「現金過不足」勘定は期末時点で処理する
☞ 預金については金融機関から「預金残高証明書」を取り寄せ、帳簿の残高と照合する

51 売掛金・買掛金の残高確認 ― 決算整理②

「得意先元帳」や「仕入先元帳」の残高合計と「総勘定元帳」の売掛金、買掛金の残高は、毎月その一致を確認しますが、決算日現在の残高を改めて必ず確認します。

1 残高が妥当なものかを確認する

　帳簿の締日は毎月20日、事業年度末は末日といったように、事業年度末の締日と帳簿の締日とが合致しない場合があります。その場合、締日から決算日までの間に発生した取引内容は、締後分として計上しなければなりません。あくまでも締日ではなく、決算日に合わせる必要があります。

　まず、当社の締日と取引先の締日を確認し、次に得意先や仕入先に対して残高の確認を行い、自社の残高と一致しているかチェックします。

2 決算日前後の売上・仕入・返品・値引きに注意

　商品等の出荷や仕入のたびに、売上・仕入の記帳をしていれば、原則的には決算日近くの取引の計上もれはないはずです。しかし、実態として間違いがないか、きちんと確認することが大切です。決算日前後の納品書（請求書）の日付を見て、当期に属すものがないかどうかを確かめます。

　売上に計上した商品が品違いや破損等で売上先から返されたり、仕入れた商品を仕入先に戻したりした時に発生する返品や、売上げた商品の値段を約束より下げたり、仕入れた商品について値引きを受けたりした時に生じる値引きについても、決算日前後の動きに注意します。

　売上げた商品が返品された場合、その商品等が期末在庫に計上されているかを確かめます。

売掛金・買掛金の残高確認

<売掛金、買掛金のチェックポイント>

1	得意先元帳、仕入先元帳と総勘定元帳の金額は一致しているか
2	各得意先、各仕入先の期末の残高は入金又は支払条件から見て妥当か
3	取引先に決算日時点の残高確認を行ったか
4	決算日前後の売上・仕入のうち当期分の計上もれはないか
5	決算日前後の返品・値引きで当期分の計上もれはないか

<期末近くの売上・仕入の計上もれに注意>

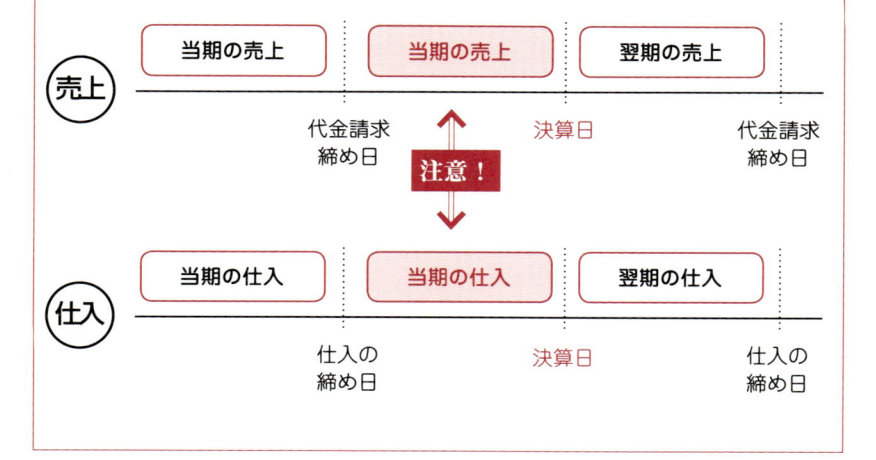

売上

当期の売上	当期の売上	翌期の売上
代金請求締め日	決算日 注意！	代金請求締め日

仕入

当期の仕入	当期の仕入	翌期の仕入
仕入の締め日	決算日	仕入の締め日

Point!

☞ 締日と年度末日迄の間に発生した売上、仕入の計上をきちんと行う
☞ 決算日前後の売上・仕入は期末在庫との関連を見る
☞ 年度末日における売掛金残高、買掛金残高は取引先と一緒に確認を行う

52 貸倒損失の計上方法 ― 決算整理③

得意先の倒産等で、売掛金等が回収できなくなる場合があります。これを「貸倒れ」といい、期末時点で回収不能の金額を貸倒れとして損失に計上します。この貸倒れによる損失を「貸倒損失」といいます。

1 貸倒損失を計上できるのは三つの場合である

売上げたものの取引先の金払いが悪く、何回催促しても支払ってくれなかったり、倒産して行方不明になったりして、売掛金や貸付金の回収ができなくなる場合があります。この場合は「貸倒れ」となります。

「貸倒れ」には、右図のように「法律上の貸倒れ」「事実上の貸倒れ」「形式上の貸倒れ」の三つのパターンがあります。このパターンに該当した場合、費用として計上が認められます。

2 貸倒損失処理のために取引先等の書類を整理・保管しておく

「貸倒れ」の処理は、むやみやたらにすることはできません。取引先等に関して書類を日頃から整理し、保存しておく必要があります。残しておくべき書類としては、「納品書」「請求書」「取引先の資産状況を表す決算書」等があります。

また、取引先との取引内容を明らかにする意味でも、「取引の開始時期と終了時期」「売掛金等の未回収残高」「最終の売上、最終の入金」等についても正確に把握し、記録しておきます。

その他、貸倒れの事実を明らかにするためにも、「債務免除通知書」や「支払の督促状」等の書面は必ず残しておきます。

貸倒損失の計上

	意味	費用に認められる場合		費用計上金額
法律上の貸倒れ	売掛金や貸付金等の債権が法律上消滅して回収できなくなる場合	会社更生の規定による更生計画の認可決定		その決定によって切捨てられることとなった金額
		商法の規定による特別精算にかかる協定の認可、又は整理計画の決定		
		和議法の和議決定		
		関係者の協議決定	債権者集会の協議決定	
			行政機関、金融機関の斡旋による協議決定	
		債務者の債務超過の状態が長期間継続し、弁済が受けられない場合の書面による債務免除		債務を免除した金額
事実上の貸倒れ	債務者の資産状態が悪く、支払能力もなく、事実上、債権の金額が回収不能となった場合	債務者の資産状況、支払能力等からみて、その金額が回収不能		回収不能額
形式上の貸倒れ	支払請求しても"無いものは無い"ということで取引を停止し、その後も回収不能となった場合	継続的取引による売掛金の回収不能	取引停止後、又は最後に支払を受けた後、1年以上経過	売掛債権残高−1円
			売掛金よりも、その取立てのための費用の方が大きい	

Point!

☞ 費用に認められる貸倒れのケースは3パターンある
☞ 貸倒れを処理する場合はその内容をしっかりと吟味してから行う
☞ 取引先に対する書類は整理・保存しておくことが必要である

53 棚卸と売上原価について ― 決算整理④

　仕入れた商品等は全てを費用にすることはできず、売上げた分だけを費用に計上します。それが売上原価と呼ばれるもので、期末時点における棚卸（在庫）を把握した上で計上します。

1　棚卸をして在庫を確定する

　仕入れた商品等は、全て売れるわけではありません。売れ残って在庫となるものがあります。
　在庫を確定するためには、実際に現物を確認する実地棚卸法と帳簿によって確認する継続記録法の2通りのやり方があります。しかし、実際に現物を確認しないと、減耗してしまっている商品や盗難等に合ってしまった商品はわかりません。
　そこで、少なくとも年1回は実際に確認を取る「実地棚卸法」が採用されます。この「実地棚卸法」によって確認、確定した在庫が「期末商品棚卸高」となります。期末商品棚卸高は、在庫数量に1個当たりの単価を乗ずることによって求められます。

2　在庫と仕入勘定から売上原価を求める

　売上勘定の売上金額は、文字通り販売した商品の売価の合計です。しかし、仕入勘定は仕入商品の原価で、販売された商品の原価を表わすものではありません。
　販売された商品の原価を売上原価と呼びます。そこで、仕入勘定の金額から期末に残った在庫商品の金額を差し引き、売上原価を計算します。しかし、期首に在庫が残っていた場合は、その在庫を期中に販売したことも考えられます。以上のことを踏まえて、売上原価の計算式を示すと右図のようになります。売上高から売上原価を差し引いた利益を一般的に「粗利益」と呼んでいます。

棚卸と売上原価

<棚卸の方法>

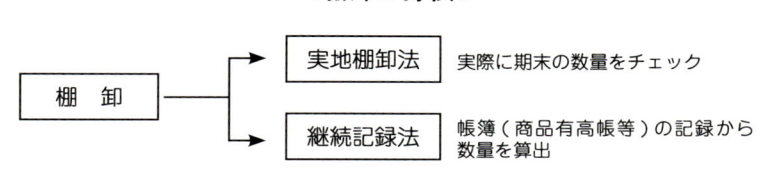

棚卸 → 実地棚卸法　実際に期末の数量をチェック
　　　→ 継続記録法　帳簿(商品有高帳等)の記録から数量を算出

<売上原価の求め方>

【例】

前期の繰越分（期首残高）
数　…100個
単価…90円
⇨ 期首商品棚卸高
100個×90円
＝9,000円

当期払出高
（売上原価）
⇦ 当期に消費、あるいは販売したものを売上原価に計上

当期に仕入れたもの
数　…500個
単価…95円
⇨ 当期商品仕入高
500個×95円
＝47,500円

期末商品棚卸高
80個×100円
＝8,000円
⇦ 翌期への繰越分（期末残高）を棚卸資産に計上
数　…80個
単価…100円

売上原価＝期首商品棚卸高＋当期商品仕入高－期末商品棚卸高

⇨　48,500円　＝　9,000円　＋　47,500円　－　8,000円

Point!

☞ 仕入処理しても全てが費用になるとは限らない
☞ 実地による棚卸は売上原価を正しく把握するために必要である
☞ 売上原価を求めるには期首の商品棚卸高も加味する

54 棚卸資産の期末評価方法 ― 決算整理⑤

　仕入れた商品や製造した製品の原価を個々に把握して、在庫金額を算出することは物理的に難しく、そのため、大きく分けて二つの評価の方法が定められており、自社に適した方法を選択します。

1　棚卸資産の評価方法には「原価法」と「低価法」がある

　在庫は、実地棚卸によって数量を把握することができます。しかし、商品や製品の単価を実地棚卸によって捉えることは物理的に難しいといえます。

　同じ商品であっても仕入単価は、その都度変動します。その単価をどのように算出するのかというと、「原価法」と「低価法」という二つのやり方があります。「原価法」には右図のように様々な方法があります。

　これらの中から自社に適したいずれかを選び、棚卸資産を評価して在庫金額の決定を行います。一度採用した評価方法はむやみやたらに変更せず、毎期継続してその方法によって算定します。

2　期末評価の方法を税務署に届け出なければならない

　期末評価方法については、どれを選択するかは会社の自由ですが、選択した方法は税務署に届け出なければなりません。

　評価方法は事業別に、例えば、製造業と販売業の両方を営んでいれば、それぞれ別々に選択します。また、棚卸資産である商品、製品、仕掛品、原材料等も区分ごとに選択することになります。

　もし、届け出をしなかったり、届け出た方法で評価しなかった場合は、直近に仕入れた単価で計算する「最終仕入原価法」で評価して計算します。

棚卸資産の期末評価方法

＜棚卸資産と期末評価額の求め方＞

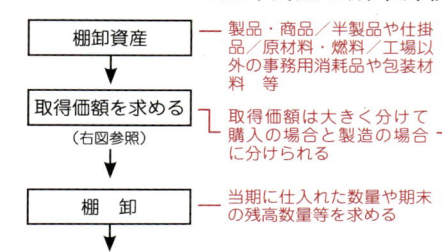

棚卸資産
↓
取得価額を求める（右図参照）
↓
棚卸
↓
原価を分配

- 製品・商品／半製品や仕掛品／原材料・燃料／工場以外の事務用消耗品や包装材料 等
- 取得価額は大きく分けて購入の場合と製造の場合に分けられる
- 当期に仕入れた数量や期末の残高数量等を求める
- 売上原価と期末棚卸高に分配する

購入の場合の取得価額
購入代金＋付随費用－値引き等
（※付随費用……引取運賃・購入手数料等）

製造の場合の取得価額
適正な原価計算にもとづいて算出された価額

＜棚卸資産の評価方法＞

種類		内容
原価法	個別法	個々の取得価額を期末の評価額とする方法
	先入先出法	先に仕入れたものから先に払い出されたと仮定し、期末の評価額を計算する方法
	後入先出法	後に仕入れたものから先に払い出されたと仮定し、期末の評価額を計算する方法
	総平均法	仕入総額を仕入数量で割って、その平均を単価として期末の評価額を計算する方法
	移動平均法	仕入のつど残高金額と仕入金額を合計し、残高数量と仕入数量の合計で割って順次単価を求め、期末から最も近い単価で期末の評価額を計算する方法
	単純平均法	異なる仕入単価を合計し、それを異なる単価の数で割って求めた平均単価で期末の評価額を計算する方法
	最終仕入原価法	期末に最も近い時期の仕入単価によって期末の評価額を計算する方法
	売価還元法	期末棚卸資産の通常の販売価額の総額に一定の原価率を乗じて期末の評価額とする方法
低価法		上記に掲げた原価法のうち、いずれかの方法で算出した期末棚卸資産の評価額と期末時点の時価(再調達価額)のいずれか低い価額を期末評価額とする方法

Point!

☞ 決算日には必ず棚卸をしなければならない
☞ 棚卸は直接見て確かめる実地棚卸をやることが大切である
☞ 棚卸資産の単価の決め方は選択した方法で行う

55 減価償却の計算方法（Ⅰ）— 決算整理⑥

　建物や機械・車輌といった固定資産は、使用しているうちに価値が下がります。減価償却は、その金額を算出して費用に計上することであり、「減価償却費」という勘定科目で処理します。

1　減価償却は机上で計算して費用に計上する

　会社が保有する建物や備品、車輌運搬具等の固定資産は、取得時にいったん資産に計上し、各々の資産ごとに定められた耐用年数（何年間使用可能か）に応じて計算上算出した額を費用化していきます。これを「減価償却」と呼びます。それによって計上する費用のことを「減価償却費」と呼びます。

　固定資産を取得すれば資金が支出されますが、その際費用に計上することはできません。

　しかし、使用していくにつれて価値が下がっていくので、それを机上計算して費用に計上していきます。「減価償却費」は費用に計上されますが、実際にその額の資金が動いているわけではありません。

2　償却方法には2種類ある

　一般的に用いられる償却方法には、「定額法」と「定率法」の2種類があります。選択した償却方法はあらかじめ税務署に提出しておきます。

　「定額法」とは、毎年同じ一定の額だけ値打ちが下がっていくと考えて計算する方法です。また、「定率法」とは、毎年同じ割合で値打ちが下がっていくと考えて計算する方法です。

　なお、平成19年3月31日以前に取得した減価償却資産に適用する定率法を「旧定率法」、定額法を「旧定額法」と呼びます。

減価償却の計算方法(Ⅰ)

	平成19年3月31日以前 に取得した減価償却資産	平成19年4月1日以後 に取得した減価償却資産
定額法	★償却限度額 = 取得価額 × 90% × 旧定額法の償却率	★償却限度額 = 取得価額 × 定額法の償却率
定率法	★償却限度額 = 期首帳簿価額 × 旧定率法の償却率 ⇩ ※償却可能限度額に達した事業年度の翌事業年度から ★償却限度額 =(取得価額×5%-1円)÷5年(簿価1円まで償却を行う)	①償却限度額 ≧ 償却保証額の場合 ★償却限度額 = 期首帳簿価額 × 定率法の償却率 ②償却限度額 < 償却保証額の場合 ★償却限度額 = 改定取得価額 × 改定償却率

- 「平成19年3月31日以前に取得した減価償却資産」と「平成19年4月1日以後に取得した減価償却資産」に区分し、それぞれ計算する
- 一般的に用いられる償却方法は、「定額法」と「定率法」の2種類ある

定額法と定率法

定額法‥‥毎年同じ額だけ減価償却していく方法
定率法‥‥減価償却がまだ終わっていない未償却残高の一定割合を減価償却していく方法で、償却額は初めは大きく徐々に小さくなっていく

Point!
☞ 減価償却費は資金が出ていかない費用の代表格である
☞ 減価償却の計算方法には「定額法」と「定率法」がある
☞ 平成19年3月31日以前の取得とそれより後の取得では計算方法が異なる

56 減価償却の計算方法（Ⅱ）— 決算整理⑥

　固定資産の取得は、期中で行われる場合もあれば、中古資産を取得する場合もあります。その際の減価償却計算は新規、または1年分のやり方とは異なります。

1　年の途中で固定資産を購入した場合、1年目は月数按分する

　年度の初めに固定資産を購入した場合は、「**55** 減価償却費の計算方法（Ⅰ）」で説明した手順で減価償却費を計算します。しかし、固定資産の購入は、期首ばかりではなく、期中においても行われます。

　こうした場合には、1年目は使用月数で減価償却費を按分します（1ヶ月未満の端数は切り上げ）。そして、2年目以降は通常の手順で減価償却費を計算します。

　例えば、会計期間（1/1～12/31）の場合、10月に固定資産を取得したとすると、年額減価償却費×3/12で計算します。また、中古資産を購入した場合の計算は右図のように行います。

2　減価償却の経理処理方法には「直接法」と「間接法」がある

　「直接法」は、それぞれの固定資産の勘定から直接に減価償却費を引く形の仕訳です。

　また、「間接法」とは、固定資産の勘定から減価償却費を直接引かずに、「減価償却累計額」という勘定に累積するという仕組みを取ります。

　「減価償却累計額」という勘定は、資産の勘定科目の一種ですが、固定資産の取得価格からそれまでの減価償却費の累計を差引くために使います。

減価償却の計算方法（Ⅱ）

事業年度の途中で取得した場合の計算方法	事業年度の途中で減価償却資産を取得して使用し始めた場合の減価償却の計上は、月割して計算（1ヶ月未満の端数は切り上げ）
中古資産を取得した場合の計算方法	法定の耐用年数そのままではなく、取得後の使用可能年数を見積もって耐用年数とする。 取得後の使用可能年数の見積りが困難な場合は、大規模な改良をしていない限り、次の算式で計算した年数（その年数が2年未満となるときは2年とし、その年数に1年未満の端数があるときはその端数を切り捨てる）を耐用年数とする。 ①法定耐用年数の全部を経過した資産 　法定耐用年数 × 0.2 ＝ 耐用年数 ②法定耐用年数の一部を経過した資産 　法定耐用年数 －（経過年数 × 0.8）＝ 耐用年数

減価償却の経理処理方法

直接法・・・・固定資産から減価償却費を直接マイナスさせる

間接法・・・・減価償却費の累計で表示する

Point!
☞ 期中で固定資産を購入した場合の減価償却費の計算は月割する
☞ 中古資産は耐用年数の見直しを図る
☞ 減価償却した固定資産の表示方法は「直接法」と「間接法」の2通りある

<減価償却費のしくみ>

グラフ:
- 1年目: 定率法 417,000円、定額法 167,000円
- 2年目: 定率法 243,111円、定額法 167,000円
- 3年目: 定率法 141,733円、定額法 167,000円
- 4年目: 定率法 82,631円、定額法 167,000円
- 5年目: 定率法 57,762円、定額法 167,000円
- 6年目: 定率法 57,762円、定額法 164,999円

定率法：徐々に償却額が小さくなっていく
定額法：毎年均等額を償却

<減価償却の計算例>

◆平成19年4月1日以降取得分
【例】100万円で取得、6年償却（耐用年数6年）
〔保証率：0.05776、保証額：100万× 0.05776 = 57,760、改定償却率：0.500〕

	（新）定額法		（新）定率法	
	償却額	簿価	償却額	簿価
1年目	100万× 0.167 = 167,000	833,000	100万× 0.417 = 417,000	583,000
2年目	100万× 0.167 = 167,000	666,000	583,000 × 0.417 = 243,111	339,889
3年目	100万× 0.167 = 167,000	499,000	339,889 × 0.417 = 141,733	198,156
4年目	100万× 0.167 = 167,000	332,000	198,156 × 0.417 = 82,631	115,525
5年目	100万× 0.167 = 167,000	165,000	（115,525 × 0.417 = 48,173）↓ 115,525 × 0.500 = 57,762	57,763
6年目	165,000 − 1 = 164,999	1	115,525 × 0.500 = 57,762	1

※定率法では、5年目の115,525 × 0.417 = 48,173円が償却保証額57,760円に満たないために、改定取得価額115,525円に改定償却率0.500を乗じて計算した金額57,762円が償却限度額となり、6年目に残存簿価1円まで償却できる。

◆平成19年3月31日以前取得分

【例】100万円で取得（耐用年数6年）

	旧 定 額 法		旧 定 率 法	
	償 却 額	簿 価	償 却 額	簿 価
1年目	100万×0.9×0.166 ＝149,400	850,600	100万×0.319 ＝319,000	681,000
2年目	100万×0.9×0.166 ＝149,400	701,200	681,000×0.319 ＝217,239	463,761
3年目	100万×0.9×0.166 ＝149,400	551,800	463,761×0.319 ＝147,939	315,822
4年目	100万×0.9×0.166 ＝149,400	402,400	315,822×0.319 ＝100,747	215,075
5年目	100万×0.9×0.166 ＝149,400	253,000	215,075×0.319 ＝68,608	146,467
6年目	100万×0.9×0.166 ＝149,400	103,600	146,467×0.319 ＝46,722	99,745
7年目	103,600－50,000 ＝53,600	50,000	99,745×0.319 ＝31,818	67,927
8年目	(100万×5％－1)÷5 ＝9,999	40,001	67,927－50,000 ＝17,927	50,000
9年目	(100万×5％－1)÷5 ＝9,999	30,002	(100万×5％－1)÷5 ＝9,999	40,001
10年目	(100万×5％－1)÷5 ＝9,999	20,003	(100万×5％－1)÷5 ＝9,999	30,002
11年目	(100万×5％－1)÷5 ＝9,999	10,004	(100万×5％－1)÷5 ＝9,999	20,003
12年目	(100万×5％－1)÷5 ＝9,999	5	(100万×5％－1)÷5 ＝9,999	10,004
13年目	5-1=4	1	(100万×5％－1)÷5 ＝9,999	5
14年目			5-1=4	1

<減価償却方法の呼び方>

資産の取得時期	減価償却方法の呼び方
平成19年4月1日以降	（新）定額法、（新）定率法
平成19年3月31日以前	旧定額法、旧定率法

57 貸倒引当金繰入額の計算 — 決算整理⑦

　貸倒引当金とは、取引先の倒産等で売掛金や受取手形等が回収不能となるリスクに備えるため、貸倒れによる損失の見込額を計上し、前もって負担することをいいます。

1　貸倒引当金の繰入れ対象の債権は範囲がある

　売掛金や貸付金が回収できなくなる場合があります。これに備えて資産の評価を減額して計上するのが「貸倒引当金」です。

　貸倒引当金を計上する対象となる債権を貸金と呼びます。この貸金は会社が持っている債権の全てではありません。

　売掛金とこれに準ずる債権、貸付金とこれに準ずる債権、即ち、売掛金、受取手形、未収金、貸付金、立替金、割引手形、裏書手形等です。保証金、敷金、前渡金等は除外されます。

2　貸倒引当金の算出には計算式がある

　貸倒引当金を算出する方法は二つあります。

　一つは、不渡り手形を出した会社や会社更生法適用の再建会社等に対する債権を貸倒処理する際の方法で、回収が難しい債権額を合計します。

　もう一つは、過去3年の貸倒れの実績率を債権総額に乗じて計算する方法で、どちらかの方式を取ります。

　なお、この貸倒引当金の会計処理には、決算期末時点での引当金の残高に対して新たに計算した必要引当金額との差額を計上する「差額補充方式」と、決算期末の引当金残高をいったん全て戻し入れした上で新たに必要引当金額を計上する「洗替方式」があります。

貸倒引当金の考え方と処理方法

○ 売上債権の発生　　　　○ 期末　　　　　　　　○ 取引先の倒産
　（売掛金・受取手形）

回収不能と予測した場合は
損失の発生予測分を費用化
して計上

引当金の取崩し

会計処理
差額補充方式…必要引当額との差額を追加計上する
洗替方式………毎年、計上された引当金を戻し、新たに計上する

表示の仕方

- 資産のマイナス項目として表示
- 金額の項に▲をつける

【貸借対照表】

資産の部	負債の部
流動資産	流動負債
⋮	⋮
貸倒引当金　▲××××	

【損益計算書】

貸倒引当金の繰入、戻入（取崩し）は債権の区分ごとに行う。
当期に直接償却により債権額と相殺した後、貸倒引当金に期末残高がある時は、これを当期繰入額と相殺する。

繰入額の方が多い	営業上の取引にもとづいて発生した債権に対するもの	販売費及び一般管理費
	臨時かつ巨額のもの	特別損失
	上記以外のもの	営業外費用
取崩額の方が多い	その取崩差額を特別利益に計上	

Point!

☞ 貸倒引当金は資産をマイナスする形で計上する
☞ 貸倒引当金の計算は二つの方法がある
☞ 貸倒引当金の会計処理には二つの方法がある

58 費用・収益の繰延べ・見越し ― 決算整理⑧

　費用と収益は、会計期間の中で対応させなければなりません。会計期間中に費用化できない、または収益に計上できないもの等を整理します。

1　期中に費用として支払っても費用に計上できないものがある

　「繰延べ」とは、当期に既に支払った費用、受取った収益のうち、当期に属さないものを翌期に回すことです。
　例えば、店舗や商品等にかけられる損害保険を1年分保険料として支払った場合のように、当期と翌期にまたぐことが多々あります。この場合、当期に入っている分のみを月割して費用にし、残りは翌期に繰延べます。
　また、収益でも、1年分をまとめて受取った地代等があった等の場合、費用と同じように繰延べます。

2　期中に受取っていなくても収益に計上しなければならないものがある

　「見越し」とは、当期にまだ支払をしていない、あるいは受取っていない費用や収益を、当期分として計上することをいいます。
　例えば、費用では、水道代や電気料は使用した後に支払います。このように既に発生しているものの、まだ支払っていないものは「費用の見越し」になります。
　収益では、預金等の利息があります。例えば、銀行の1年定期預金は、満期日にならないと利息が付きません。しかし、既に経過した期間に相当する分については、もらう権利が発生しています。こうした場合が「収益の見越し」になります。

費用・収益の繰延べ・見越しの処理方法

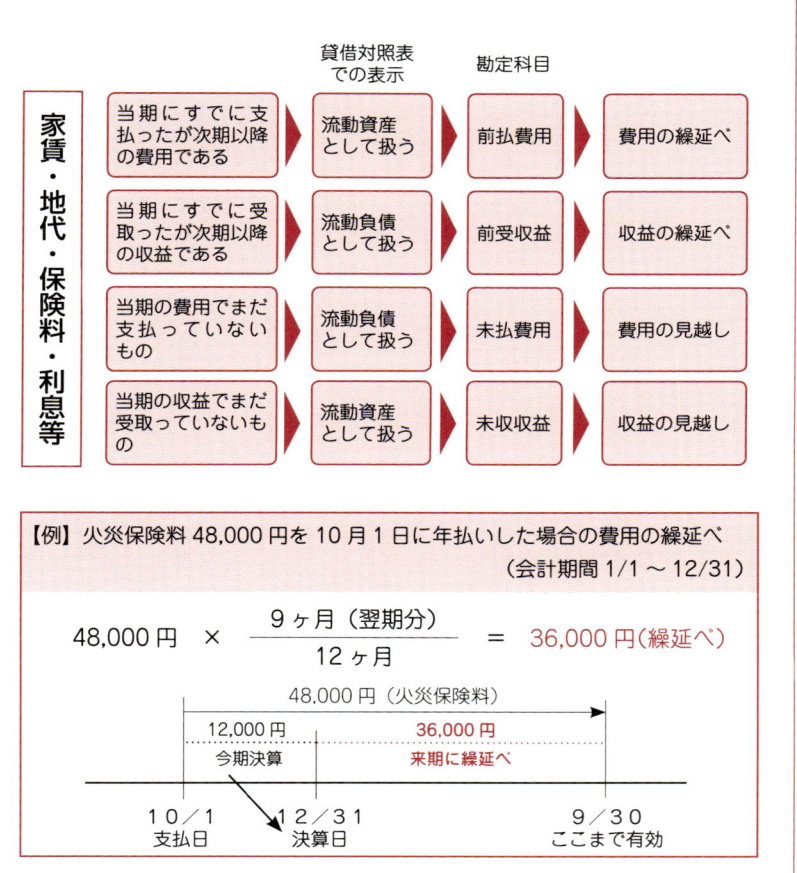

		貸借対照表での表示	勘定科目	
家賃・地代・保険料・利息等	当期にすでに支払ったが次期以降の費用である	流動資産として扱う	前払費用	費用の繰延べ
	当期にすでに受取ったが次期以降の収益である	流動負債として扱う	前受収益	収益の繰延べ
	当期の費用でまだ支払っていないもの	流動負債として扱う	未払費用	費用の見越し
	当期の収益でまだ受取っていないもの	流動資産として扱う	未収収益	収益の見越し

【例】火災保険料48,000円を10月1日に年払いした場合の費用の繰延べ
（会計期間 1/1 〜 12/31）

$$48,000円 \times \frac{9ヶ月（翌期分）}{12ヶ月} = 36,000円（繰延べ）$$

```
                48,000円（火災保険料）
       12,000円       36,000円
       今期決算       来期に繰延べ

       10/1      12/31            9/30
       支払日    決算日            ここまで有効
```

Point!
☞ 収益・費用に関する収入・支出を会計期間に属するものに区分けしなければならない
☞ 当期と翌期をまたぐ場合、繰延べ、見越しが生じる
☞ 決算日の翌月には本来の費用・収益に振替える作業を行う

＜主だった決算整理事項まとめ表＞

項　　目	内　　容
現金・預金の残高確認	毎日の現金チェックの際、現物と帳簿残とが合致していない場合は「現金過不足」勘定に計上してあります。この勘定科目を整理し、現物残に帳簿残を合わせます。また、振出した小切手が決算日現在、まだ取引銀行への呈示がなく預金から引き落とされないことがあります。小切手を振出した時、その金額だけ帳簿残高から引落としていますので、このような場合「預金残高証明書」の金額と食い違いが生じます。食い違いがあった場合、その処理を行います。
売掛金・買掛金の残高確認	得意先・仕入先ごとに締日から決算日までに発生した取引内容を整理し、それぞれの残高が妥当かどうかを得意先・仕入先からの残高確認の内容と照合します。
貸倒損失の計上	得意先が倒産する等して、売掛金や受取手形等が回収できなくなくことを「貸倒れ」といい、貸倒れによる損失を「貸倒損失」といいます。貸倒れが発生した場合、その処理を行います。
期末棚卸資産の実地棚卸による数量確認	期末には棚卸資産の現物を直接見て、数量、種類、品質を確認する実地棚卸によって、棚卸資産残高を確認します。
棚卸資産の期末評価	期末における棚卸金額を決定することです。期末棚卸高は、期末の数量に単価を掛けて算出します。単価は税務署にあらかじめ届け出た方法で求めます。特に届出をしなかった場合には、期末に最も近い時期の仕入単価によって期末の評価額を計算する最終仕入原価法により評価することになります。
減価償却費の計算	保有する建物や備品、車輌運搬具等の固定資産は、取得時にいったん資産に計上し、各々の資産ごとに定められた耐用年数に応じて算出された額を費用化していきます。期末時点における減価償却費を計上します。

項　目	内　容
貸倒引当金繰入額の計算	決算日の受取手形や売掛金の残高には、業績の悪化した企業に対するものが含まれている場合があり、回収不能となる恐れがあります。こうした場合には、将来の損失に備えて、費用を見積り計上します。
費用・収益の繰延べ・見越し	家賃や地代、保険料等は現金収支ベースで記帳されているため、会計期間の正しい費用・収益と一致しない場合が出てきます。当期に既に支払ったものの次期以降の費用である、当期に既に受取ったもの次期以降の収益であるものを繰延べといいます。また、当期の費用でまだ払っていないもの、当期の収益でまだ受取っていないものを見越しといいます。これらを費用・収益に振り替える作業を行います。

決 算 整 理

帳簿上の記録と事実関係を整合し、正しい事実関係に引き戻すこと

| 既記入取引の修正記入 | 未記入取引の追加記入 |

損益計算書　　　　　　　貸借対照表
正確な儲け　　　　　　**正確な財産**

会社の正しい実態を把握するためには、決算整理は欠かすことのできない大事な要件である

59 決算書の仕組み

「決算書」といっても一つの書類のことではありません。「貸借対照表」「損益計算書」と呼ばれる代表的な書類の他にも数多くあり、すべてをまとめて「決算書」と表現します。

1 決算書は「貸借対照表」「損益計算書」だけではない

会社が作成しなければならない決算に関する書類は、右図の通り7種類あり、「決算書」とはその報告書類の総称です。

「貸借対照表」や「損益計算書」は、1年間の会社の活動を数値で表しますが、文書で会社の活動を表現するのが「事業報告書」です。この「事業報告書」には、事業内容やその年度の営業の概況、会社として取り組むべき課題等、会社の状況に関する重要な事項が記載されています。また、「個別注記表」には、会社が採用している減価償却の方法、棚卸資産の評価方法といった会計処理方法等が記載されます。経理を担当するに当たって、この2種類の決算書の作り方を把握しておくことも大切です。

2 上場していない会社でも「キャッシュフロー計算書」を作成することが大切である

貸借対照表では資金の調達、運用の状態、損益計算書では儲かったかどうかがわかります。この二つの決算書で、会社の財務状況はほぼわかりますが、資金の流れは把握できません。

そこで、資金の流れを明らかにしてくれる決算書として「キャッシュフロー計算書」がありますが、上場していなければ作成、提出義務はありません。しかし、会社にとっては使える資金こそが一番重要です。上場していなくてもこのキャッシュフロー計算書を作成して、資金がどのように作られ、どこに流れていったのかを知ることはとても重要です。

決算書の種類

決算書	特徴
貸借対照表	・一定の時点での会社の財産の状態を表したもの ・B/S（バランスシート）とよぶ
損益計算書	・一定期間における会社の経営成績を表したもの ・P/L（プロフィット・アンド・ロス・ステートメント）とよぶ
製造原価報告書	・製造業等に義務づけられている。製品製造原価の内訳を記載したもの ・材料費、労務費等の項目ごとに記載
事業報告書	説明報告書に会社の業務・財務状況等の重要事項を記載
株主資本等変動計算書	決算後に確定した利益の処分方法を示す
個別注記表	採用している会計処理の原則及び手続き並びに表示方法その他作成のための基本となる事項を記載
附属明細書	決算書の記載を補足

⇩

会社のあらゆる経営活動で数値や文書で表わされている決算書は、会社の内部・外部を問わず経営資料として重要な書類となる

Point!

☞ 決算書は7種類ある
☞ 数値以外で作成された「事業報告書」「個別注記表」の作り方を知っておく
☞ 上場していない会社でも、第三の決算書と呼ばれるキャッシュフロー計算書を作成して資金の流れを知ることが大切である

60 貸借対照表のスタイル

　貸借対照表は、どれだけの資金を集めたか、またその資金をどのように運用したかを示した、年度末時点での財政状態を明らかにした書類です。左右に区分けして表示し、左右の合計金額は必ず一致します。

1　資産とは会社が所有する現金や商品等会社の財産のことをいう

　右図が貸借対照表のイメージで、「勘定式」と呼ばれる表示形式です。貸借対照表の左側（借方）には、会社の資産が一覧できるように書かれています。

　会社では現金、預金はもちろん、建物や機械、備品等も使われます。また、取引では、ツケで売ったり手形をもらったりすることもあります。

　「13 資産グループの勘定科目」でみたように会社の財産は「財貨」や「債権」といった数多くの種類に分けられます。形態は様々ですが、これらの財産を総称して「資産」と呼びます。換金性の高い勘定科目から記載します。

2　負債とは会社が負っている債務であり、純資産は出資金や利益の蓄積等をいう

　貸借対照表の右側（貸方）は「負債」と「純資産」に大きく分けられます。「負債」とは、自分の元手だけではまかないきれなかったものを他人から調達して、いずれ返さなくてはならないもので「他人資本」と呼ばれます。一方、「純資産」とは、返さなくてもいい自分の元手のことです。事業の元手となる資金で、仕事を維持していくための収入のもととなるもので「自己資本」と呼ばれます。会社は、「負債」と「純資産」である資本を使って、様々な「資産」を手に入れて、それを元に経営活動を行います。従って、左右の額は必ず一致するので、貸借対照表は「バランスシート」と呼ばれます。

貸借対照表のスタイル

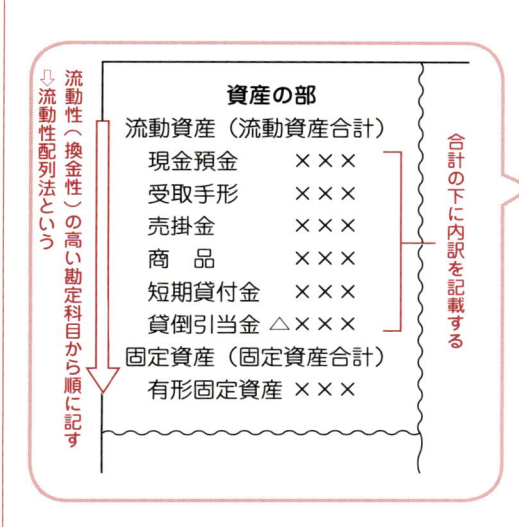

〔勘定式〕
左右に区分けして表示

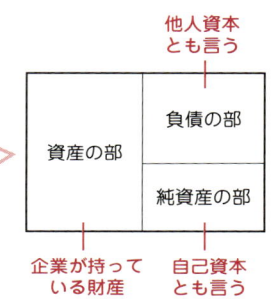

資産の部
流動資産（流動資産合計）
　現金預金　　×××
　受取手形　　×××
　売掛金　　　×××
　商　品　　　×××
　短期貸付金　×××
　貸倒引当金△×××
固定資産（固定資産合計）
　有形固定資産×××

↓ 流動性（換金性）の高い勘定科目から順に記す
⇒ 流動性配列法という

合計の下に内訳を記載する

資産の部	負債の部
	純資産の部

他人資本とも言う
自己資本とも言う
企業が持っている財産

　　資産の部 ＝ 負債の部 ＋ 純資産の部
　　（左 側）　　　（右 側）

資産の部から負債の部を差し引けば、会社の正味財産としての純資産が算出される。純資産は正味財産なので、正確な資産の裏付けがある利益を計算することができる。

Point!
☞ 資産の合計＝負債の合計＋純資産の合計である
☞ 貸借対照表はバランスシートと言う
☞ 負債を「他人資本」、純資産を「自己資本」と呼び、併せて「総資本」と呼ぶ

61 貸借対照表の仕組み

　貸借対照表は左右に区分けして表示し、左側には、財産価値がある「資産」、右側には将来の支払債務である「負債」と、出資金・利益の蓄積等である「純資産」を記載し、左右の合計金額は一致します。

1　資金調達の源泉が「負債」と「純資産」である

　会社を運営していくためには、言うまでもなく資金が必要となります。その資金の調達は、自社の資金と他人から調達した資金の二つに区分けされます。「負債」は他人、つまり、第三者から調達した、将来支払わなければならない債務で、1年以内に返済しなければならないものを「流動負債」、1年以上にまたがって返済していくものを「固定負債」に区分けして表示します。

　また、「純資産」は、出資者が拠出した資金や会社が蓄積した利益剰余金等で、返済する必要がないものです。

2　資金の運用状態を表しているのが「資産」である

　会社が調達した資金の運用結果を表したものが「資産」です。資産はもちろん財産価値があるもので、資金に戻すことができるものでもあります。
○流動資産…1年以内に換金できる資産
○固定資産…1年以上保有し企業活動の基礎となり、使用していきながら売上等の収益を作り、その収益によって資金を回収する資産
○繰延資産…研究開発費等のように費用が生じているもののその効果が将来にわたって収益をもたらすと期待される費用
　以上の3区分で表示します。

貸借対照表の仕組み

貸借対照表
（平成　　年　　月　　日現在）

資産の部	負債及び純資産の部
1. 流動資産 2. 固定資産 　①有形固定資産 　②無形固定資産 　③投資その他の資産 3. 繰延資産	1. 流動負債 2. 固定負債 　　**負債合計** Ⅰ 株主資本 　1. 資本金 　2. 資本剰余金 　3. 利益剰余金 　4. 自己株式 Ⅱ 評価・換算差額等 Ⅲ 新株予約権 　　**純資産合計**
資産合計　　〇〇〇	**負債及び純資産合計**　　〇〇〇

↑資金の運用　　　　　　↑資金の調達

資産
会社が現在持っている「財産と権利」
集めたお金をどのように使い、資産がどれだけになっているか

負債
どんな内容の借金と返済すべき債務がどれだけあるのか。
（返済を要す→他人資本）

純資産
「株主の出資による調達」
どんな内容の元手と儲けの蓄積がどれだけあるか。
（返済は不要→自己資本）

Point!

☞ 貸借対照表は会社の資金の調達と運用を表している
☞ 資金の調達が「負債」「純資産」であり、運用状態が「資産」である
☞ 資産は「流動資産」「固定資産」「繰延資産」の3区分で、負債は「流動負債」「固定負債」の2区分で表示される

62 損益計算書のスタイル

　会社の経営成績を明らかにする目的で作成されるのが「損益計算書」です。これを読めば、会社が儲かっているかどうかがわかります。

1　収益－費用＝利益の作りになっている

　収益とは売上高をはじめとして、受取利息や固定資産売却益、有価証券売却益等、会社の儲けのもととなるものです。また、費用とは、仕入高や人件費、広告宣伝費等、収益を得るために使ったコストをいいます。

　会社がいくら儲けたかは、収益から費用を差し引いて、その差額として利益として計上するこで把握できます。よって、損益計算書は1年間の経営成績を表示するものと言えます。

2　損益計算書には「勘定式」と「報告式」の二つのパターンがある

　損益計算書の表示方法には、右図のように「勘定式」と「報告式」の二つのパターンがあります。

　「勘定式」とは、貸借対照表と同じように左右に区分けして表示する方法です。しかし、この「勘定式」はあまり読みやすくなく、利益が算出される過程が分からないため、一般的には「報告式」が採用されています。

　「報告式」は、上から下に損益を計算する形になっていて、計算の過程が段階的に示されます。最終の利益が算出されるまでのストーリーが描かれています。

　どのようにして利益が算出されたか、そのストーリーを読むことは非常に重要な意味があります。

損益計算書のスタイル

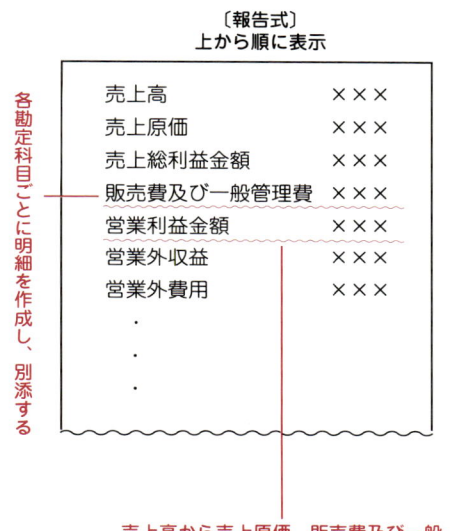

〔報告式〕
上から順に表示

売上高	×××
売上原価	×××
売上総利益金額	×××
販売費及び一般管理費	×××
営業利益金額	×××
営業外収益	×××
営業外費用	×××
．	
．	
．	

各勘定科目ごとに明細を作成し、別添する

売上高から売上原価、販売費及び一般管理費を控除したもの

〔勘定式〕
左右に区分けして表示

収益を生むためにかかった仕入や諸々の経費 / 売上等

費　用	収　益
利　益	

収　益 － 費　用 ＝ 利　益

会計期間を通じて売上高や利益は伸びたのかどうか、その背景には何があったのかを把握するために、損益計算書が必要になってくる

Point!
☞ 損益計算書は1年間の経営成績を明らかにしたものである
☞ 経営成績は「収益」と「費用」によって表され、その差額として「利益」が示される
☞ 「報告式」の損益計算書は最終利益が算出されるストーリーになっている

63 損益計算書の仕組み

　損益計算書は、決算日までの1年間に、会社の収益の源である売上がどれだけ計上され、どれだけの利益を残したかを表しているものです。売上高から順に表示され、利益が段階的に計算されるようになっています。

1　利益には5種類ある

　損益計算書に示される利益は5種類あり、各々違った意味合いを持ちます。

　一つめの「売上総利益」は粗利益と呼ばれるもので、仕入と売上のバランスがどうなっているのかがわかります。二つめの「営業利益」は営業活動の成果を示すもので、本業の成績表と考えられる数値です。三つめの「経常利益」は営業活動から得られた利益に金融費用等の財務活動による収益と費用を加味したものです。四つめの「税引前当期純利益」は、経常利益に特別に発生した収益・費用を加味したもので、これから法人税等を差し引いて五つめの利益である「当期純利益」が算出されます。

2　5種類の利益の算出には算式がある

　会社の経営活動は、収益の源である売上と、費用・利益の関係で捉えます。5種類の利益の算出方法は下記の通りで、その仕組みを理解しておくことが大切です。

　○売上総利益（粗利益）　＝売上－売上原価

　○営業利益　＝売上総利益（粗利益）－販売費及び一般管理費

　○経常利益　＝営業利益＋（営業外収益－営業外費用）

　○税引前当期純利益　＝経常利益＋（特別利益－特別損失）

　○当期純利益　＝税引前当期純利益－税金等

損益計算書の仕組み

損益計算書

自平成　年　月　日
至平成　年　月　日

科　目

- **売上高**
- 売上原価
- **売上総利益金額**
- 販売費及び一般管理費
- **営業利益金額**
- 営業外収益
  - 受取利息及び配当金
  - 雑収入
- 営業外費用
  - 支払利息
  - 雑損失
- **経常利益金額**
- 特別利益
  - 前期損益修正益
  - 固定資産売却益
  - 投資有価証券売却益等
- 特別損失
  - 前期損益修正損
  - 固定資産売却損等
- **税引前当期純利益金額**
- 法人税、住民税及び事業税
- 法人税等調整額
- **当期純利益金額**

左側の区分:
- 販売活動 → 売上高
- 仕入(生産)活動 → 売上原価
- 販売・管理活動 → 販売費及び一般管理費
- 財務活動 → 営業外収益・営業外費用
- 経常損益
  - ・会社の損益計算の中心
  - ・会社が普通に活動した場合の損益を示す
- 特別損益
  - ・臨時・特別な活動によって生じた損益を示す

右側の説明:

売上高
企業本来の営業活動から得た収益

利益1
本来の営業活動から生じた利益の源泉

利益2
通常の営業活動から生じた利益
(営業活動の成果)

利益3
会社の通常的な企業活動によって得られた利益を表わす
(会社の実力)

利益4
税金を掛ける基礎となる金額(マイナスの場合は当期損失)

利益5
税引後の当期利益が1年間の会社の成績

Point!
☞ 算出される5種類の利益には各々の意味がある
☞ 5種類の利益を算出するスタートは売上高である

64 製造原価報告書のスタイル

　製品を製造する製造業や建築業等の会社では、製造コストである「製造原価」を一般の経費と区分けして計算しなければなりません。製造原価を計算した書類を「製品原価報告書」と呼びます。

1 「製造原価報告書」は製造業等の決算に必要である

　製造業等で自社で製造しているものを販売している場合、その品目は商品ではなく「製品」になります。販売業等の「当期商品仕入高」にあたるのが「当期製品製造原価」です。その「当期製品製造原価」を算出するに当たって作成するのが「製造原価報告書」です。

　「製造原価報告書」は、製品を作るのにかかった費用の明細書と言えます。材料費、労務費、経費に区分けして計算します。

　製造業等、モノ作りに関わる業種では、この報告書を作成し、損益計算書に添付します。

2 費用の中で製造に要するものを抽出して作成する

　会社の運営には、人件費をはじめ電気料金、消耗品費等、諸々の費用がかかります。この費用の中で、製品を製造する費用と販売や管理に関わる費用を分け、製造に要する費用をこの「製造原価報告書」に記載します。

　日常の経理業務から、製造に要するものと要しないものに分けて処理していきます。例えば、人件費といっても、モノ作りに直接関わる人たちの給与等と、営業や事務関係に関わる人たちの給与等を選別することになります。

　よって、この「製造原価報告書」に記載された費用は、1年間に作り出した製品の直接コストと言えます。

製造原価報告書のスタイル

製造原価報告書（単位：円）

○○○株式会社　　自平成×年×月×日　至平成○年○月○日

材　料　費
　期首材料棚卸高　　　　×××
　材料仕入高　　　　　　×××
　　合　　計　　　　　　×××
　期末材料棚卸高　　　　×××
　　　　当期材料費　　　　　　　×××

労　務　費
　賃金・給料　　　　　　×××
　退　職　金　　　　　　×××
　雑　　給　　　　　　　×××
　法定福利費　　　　　　×××
　福利厚生費　　　　　　×××
　　　　当期労務費　　　　　　　×××

経　　費
　外注加工費　　　　　　×××
　電　力　費　　　　　　×××
　減価償却費　　　　　　×××
　修　繕　費　　　　　　×××
　消耗品費　　　　　　　×××
　租税公課　　　　　　　×××
　ガス・水道代　　　　　×××
　保　険　料　　　　　　×××
　雑　　費　　　　　　　×××
　　　　当期経費　　　　　　　×××
　　　　当期総製造費用　　　　×××
　　　　期首仕掛品棚卸高　　　×××
　　　　　合　　計　　　　　×××
　　　　期末仕掛品棚卸高　　　×××
　　　　当期製品製造原価　　　×××

損益計算書

売上原価
　期首製品棚卸高　　×××
　当期製品製造原価　×××
　　合　　計　　　　×××
　期末製品棚卸高　　×××

Point!

☞ 製造業等の会社は決算時に「製造原価報告書」を作成し、損益計算書に添付する

☞ 当期製品製造原価は当期総製造費用に期首仕掛品棚卸高をプラスし、期末仕掛品棚卸高をマイナスして算出する

65 貸借対照表と損益計算書の関連

貸借対照表と損益計算書は、試算表から切り分けることで作成されます。また、損益計算書で算出された当期純利益は、貸借対照表の利益剰余金に加算されます。

1 貸借対照表と損益計算書は当期純利益で繋がっている

　試算表から資産、負債、純資産の残高だけを抜き出して一覧表にしたものが貸借対照表です。そして、収益と費用の残高だけを抜き出して一覧表にしたものが損益計算書となります。

　貸借対照表の左側（借方）と右側（貸方）の合計額を一致させるために、損益計算書の収益と費用の差額である利益を貸借対照表の純資産（利益剰余金）に計上します。貸借対照表と損益計算書は、経営の最も重要なものの一つである「利益」で直接的に関連しています。このように２表は利益が一致しているので、別のものと考えずセットで見た方がわかりやすいのです。つまり、この２表は、「利益」を違う角度から見て計算しているだけです。貸借対照表の「利益剰余金」の内訳書が損益計算書という見方もできます。

2 資産の大半はいずれ費用に振り替わる

　資産と費用は資金の使い道を示しており、貸借対照表に計上されている資産の多くは、将来費用へと変わっていきます。

　例えば、機械や車輌といった固定資産は、使用していくうちに価値が下がり、その分を「減価償却費」に計上するといったように、資産を少しずつ費用へと振り替えていきます。

　つまり、経営活動とは収益の源である売上を作るために資産を活用し、必要な分だけを費用にしていくことであるとも言えます。

貸借対照表と損益計算書は利益でセット

〔試算表〕

資　産	負　債
	純資産
	収　益
費　用	

貸借対照表

流動資産	流動負債
固定資産	固定負債
繰延資産	純資産
	（当期純利益）

損益計算書

費　用	収　益
（当期純利益）	

一致する

Point!
☞ 貸借対照表と損益計算書は密接な関係にある
☞ 貸借対照表と損益計算書は利益と利益計算でセットされている
☞ 貸借対照表と損益計算書は関連付けて理解することが大切である

第5章 キーワード

用　語	意　味
粗利益	売上高とそれに要した仕入の原価との差額として計算されるもので、決算書上には「売上総利益」として表示される
売上原価	売上を計上した商品の仕入原価。売上を上げるのに直接かかった費用と言える
売上総利益	売上から売上原価を差し引いたもので、一般的に粗利益と呼ばれる
営業利益	売上総利益から販売費及び一般管理費を控除したもの。会社の営業活動の成果を示す
貸倒損失	得意先が倒産する等して売掛金等が回収できなくなった時に生ずる損失
会社更生法	会社更生手続きについて規定する法律。倒産の危機に瀕してはいるがまだ再建の可能性がある株式会社が、裁判所を通じて、事業を継続しつつ再建を行う場合のプロセスを定める
貸倒引当金	売掛金等が回収不能となるリスクに備えるために、貸倒れによる損失の見込み額を計上し、前もって負担しておくこと
株主資本等変動計算書	貸借対照表の純資産の部の各項目の増減を表示する決算書
間接法	減価償却費を固定資産の金額から直接減額せず「減価償却累計額」で表示し、その資産の価値がトータルでいくら減ったかを表す方法
キャッシュフロー計算書	資金の動きを表した決算書で、営業活動、投資活動、財務活動に分け、それぞれの活動における資金の動きを表す
経常利益	営業活動から得られた営業利益から金融費用等を差引いた日常的に算出される利益
継続記録法	棚卸に際し、帳簿（商品有高帳等）の記録から数量等を算出する方法

用　語	意　味
繰延べ	当期に支払が終わっているが、翌期の費用とすべきもの、または、当期に受取っているが、翌期の収益とすべきもの
繰延資産	すでに対価の支払が完了し、または支払義務が確定し、これに対応する役務の提供を受けたにもかかわらず、その効果が将来にわたって発現すると期待される費用。貸借対照表に計上する
原価法	棚卸資産金額を算出するに当たって、商品等の仕入にいくらかかったかということをベースにして単価を決定する方法
決算整理	決算日現在の正しい勘定科目の金額を表わすために行われる修正作業
減価償却	機械等の固定資産の取得価額を使用期間にわたって費用として計上する手続き
減価償却資産	機械や車輌のように、使うにつれて価値が減っていく資産
固定資産	機械、土地、建物等同一形態で継続して営業の用に供することを目的とする資産
固定負債	負債のうち、1年以内に返済または支払の必要がないもの
在庫	購入した商品や材料の売れ残ったもの、製造した製品のうち出荷していないもの等
債務免除通知書	業績、財務状態が悪化した債務者に対して、債権者が免除を行うに当たって発行される通知書
残高試算表	総勘定元帳から全ての勘定科目にそれぞれの合計残高を求め、それを一覧表にしたもの
仕掛品	製造段階において、完成品となっておらずに仕掛かっているもの

用　語	意　味
自己資本	会社の出資者である株主の持ち分となる資本。返さなくてもよいお金
実地棚卸法	棚卸資産の現場を直接見て数量、種類、品質を確認すること
請求書	代金を請求するために発行されるもの。提出用と控用の2部作成する
精算表	残高試算表に決算整理を施し、貸借対照表と損益計算書を作成する過程を一つの表にしたもの
税引前当期純利益	経常利益に、特別利益を加え、特別損失を減算したもの。法人税等を差引く前の、会社が1年間稼いだ利益
耐用年数	減価償却の対象となる固定資産の使用に耐えうる期間
棚卸	在庫の種類、数量、品質を調べること
他人資本	金融機関等の第三者（他人）からの、借入や、支払われなければならないお金
直接法	固定資産の金額から減価償却費を直接減額する方法
低価法	貸借対照表上の資産評価に際し、原価と時価とを比較して、低い方を評価額とするやり方
定額法	毎年一定額を償却する減価償却方法
定率法	毎年固定資産の帳簿価額の一定率を償却する減価償却方法

用　語	意　　味
転記	仕訳帳から総勘定元帳に書き移すこと
当期純利益	税引前当期純利益から法人税等を差引いたもの。会社に残る1年間の利益
当期製品製造原価	当期中に製品を製造するために要したコストの合計額
当座預金残高調整表	当座預金出納帳残と預金残高証明書との食い違いを説明する表
納品書	商品や製品を納めたことを確認するための証票で、売上や仕入の計上の際にも使用する
引当金	将来にかかるであろう特定の費用を見積り計上したもの
簿価	帳簿上の価額
見越し	まだ未払いなので費用として計上していないが、当期の費用として計上すべきもの、また、まだ未収なので収益に計上していないが、当期の収益として計上すべきもの
未取付小切手	小切手の振出しはなされているが、当座預金から引落とされていない小切手
預金残高証明書	金融機関から発行してもらう各預金別の残高を証明した書類
流動資産	資産のうち、1年以内に換金できる資産
流動負債	負債のうち、1年以内に返済または支払の必要があるもの

第6章

これも経理の
大事な仕事！

― 経理のトライアルステージ ―

日常の取引内容の記録、そして、決算書の作成といった経理業務に加え、会社運営に欠かすことのできないものに資金繰りがあります。資金繰りをしていく際に押えておくべきポイントをつかみます。

1時間目 ○　2時間目 ○　3時間目 ○　4時間目 ○　5時間目 ○　6時間目 ●

66 資金繰り表の作成

月々ごとに、少なくても向こう3ヶ月先を読み取り、資金の先行管理を実施します。月次単位で予実対比を行い、次月の資金繰りを現実なものにしていきます。

1　予定資金繰り表は毎月作成する

資金はなかなか予定通りに動いてはくれません。しかしながら、資金をどのように調達し、運用していくかを予め意思決定していくことは大切です。

そこで、右図のような少なくとも3ヶ月先の資金繰りの状況を予測した予定資金繰り表を作成し、資金不足が生じた場合にはどう対処するか、また、どのように資金を調達するかを計画しておくことが重要です。資金繰り表は月々ごとに、1ヶ月経過したら次月の1ヶ月分を作るようにして、新しいものを作成していきます。

2　予実対比は必ず毎月実施する

予定資金繰り表はあくまでも予定であって、その通りに資金が動くとは限りません。そのため、資金繰り表は予定だけではなく、実績を対比させて作る必要があります。

大切なことは、なぜ実績との差異が生じたのか、その原因を追求することです。計画の立て方に問題があれば、それを改善して次月の計画に反映させなければなりません。ややもすると、次月以降の資金繰り表に修正を加えることにもなります。

月々ごとに、予実対比を実施していくことによって、より精度の高い資金繰り表が作られていきます。

資金繰り表

資金繰り表

(単位:千円)

科目		月	月	月
前月繰越金				
現金収入及び回収	現金売上			
	売掛金回収			
	手形期日落			
	前受金			
	その他			
	合　計			
経費支出	現金仕入			
	支払手形決済			
	買掛金支払			
	人件費			
	その他販売管理費			
	支払利息割引料			
	法人税等			
	その他			
	合　計			
財務関係支出	短期借入金返済			
	長期借入金返済			
	定期預金			
	固定資産購入			
	その他			
	合　計			
現金過不足				
資金調達	短期借入金			
	長期借入金			
	手形割引			
	その他			
	合　計			
次月繰越金				

Point!

☞ 3ヶ月先の資金繰り状況を予測し、資金不足にどう対応するか計画を立てる
☞ 月末残高が多すぎたり、少なすぎたりしないように適正な残高を立てる
☞ 月々ごとに予実対比を実施し、その差異分析を行う

67 経費削減の視点

　スリムな経営体質にするためには、利益貢献していない無駄な経費を削ぎ落とし、出費を抑えることが絶対条件です。

1　費用対効果を的確に把握する

　経費は売上を上げるためのものであり、売上に貢献しない経費はムダとなります。「いらない経費を削減する」のはもちろん、「費用対効果の観点から見て効果的に使われていない経費は見直す」必要があります。

　右表の「経費削減の判断基準表」に記載されているように、経費を切り詰める中でも商品・サービス、あるいは会社の信用性に影響を与えてしまうものについては要検討です。

　また、各々の経費はどのような収益をもたらしているのかを製造・営業・管理活動等に区分けして、過去の延長線でみるのではなく、いったん白紙に戻して考えることが重要です。

2　経費科目ごとに分析し、予算を設定する

　経費の科目ごとにその内容を詳細に吟味していくと、意外と不要なものが発見されます。過去においては必要だった経費も今は不必要になっているかもしれません。右図の「進め方」を参考にしてください。

　現状の中身を見直した上で、必要な経費だけを科目別に予算化します。そして、現状から見てどの程度削減できるのかを試算します。

　その予算と実績とを月々ごとにきめ細かくチェックし、予算オーバーをしないようにしていくことが肝要です。

経費削減の視点

＜経費削減の判断基準表＞

項　　目	方向性
売上高又は粗利益額に影響しない経費	0円にする
	例）新聞等の購読料等
売上高又は粗利益額が落ちてしまう経費	内容検討の上、削減しない
	例）営業上の紹介料等
交き合いで支出している経費	減額する
	例）諸会費、接待交際費等
商品・サービスの品質・安全性に影響を及ぼしてしまう経費	削減しない
	例）ＰＬ保険料等
会社の信用性・安全性に影響を及ぼしてしまう経費	内容検討の上、削減しない
	例）火災保険料等
判断が付かない経費	減額する
	例）消耗品等

＜進め方＞

利益を生まない経費を抽出する

↓

重要度を加味して削減目標を設定する

↓

項目ごとに具体的削減策を検討する

節約（減らす）・代替（代える）・廃止（やめる）の3要素で検討

↓

削減策を実施する

Point!
☞ 使われている経費がどの程度収益貢献しているか把握する
☞ 売上や会社の信用・安全性に影響を及ぼす経費は削減しない
☞ 経費支払の判断基準は自社の身の丈に合ったものにする
☞ 経費予算は過去に縛られることなくゼロベースにして立案する
☞ 経費予算と実績とを月々ごとに対比しその差異分析を行う

68 財産管理の視点

資産は有効に活用することで売上貢献するものであり、売上貢献していない資産は整理し、資金化することが大切です。

1 遊休資産や低収益資産の洗い出しをする

利用よりも所有を目的として不動産を抱えている会社は少なくありません。不動産を利用してもわずかな収益しか得られないという場合も多々あります。

また、付き合い等で購入した株式やゴルフ会員権等を処分すると損が出てしまうため、処分に踏み切れず、塩漬けとなっている場合もあります。ゴルフ会員権には会費等の維持コストもかかります。

そこで、どの資産が売上貢献していないか明確に洗い出すことが先決です。右図の「資産の見直し表」のように、洗い出したリストにあがった遊休資産や低収益資産は早めに売却してキャッシュに替えれば、資金繰り改善に役立ちます。

2 精算していない仮払金や立替金、貸付金等を処理する

会社の経営に直接必要でない、また、使い道のはっきりしていない仮払金や立替金等があれば、資金を寝かせていることになります。

これらの多くは、経営者の公私混同から生ずるものです。また、経営者への貸付金は、経営に直接関係するものではないので、本来生じてはいけないものと考えられます。

経営者への個人的な仮払金や立替金、貸付金は、キッチリと早めに回収することが必要です。

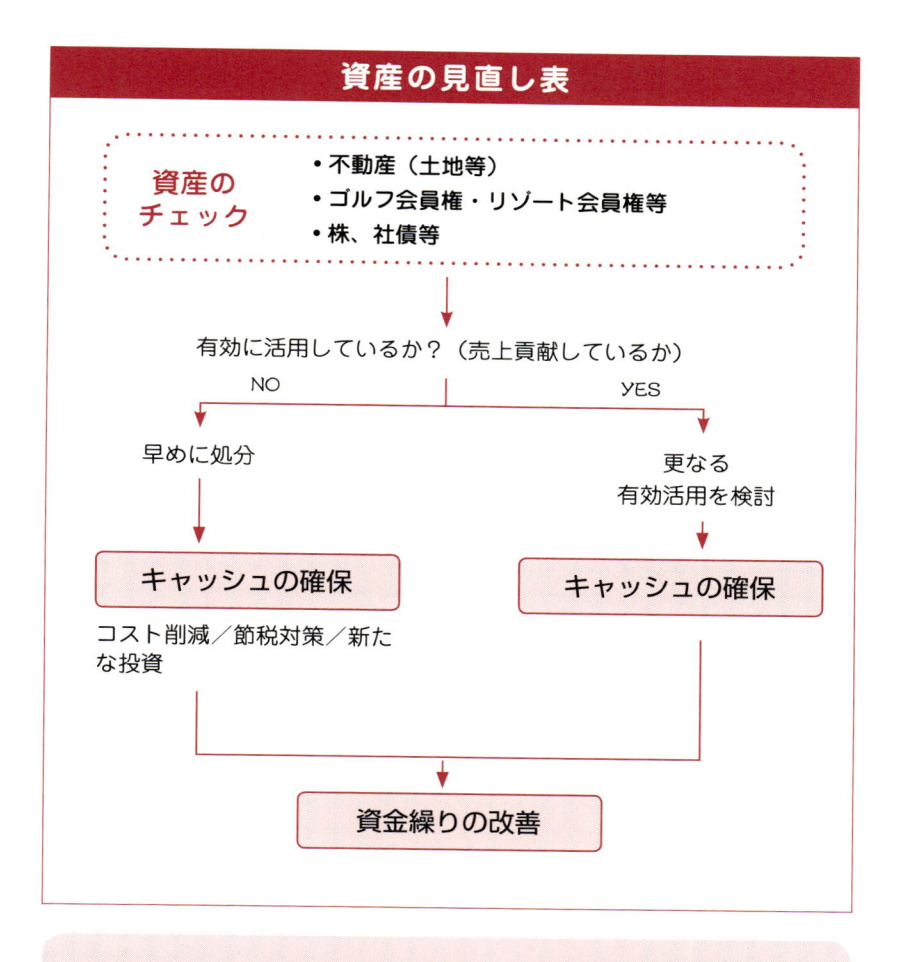

資産の見直し表

資産のチェック
- 不動産（土地等）
- ゴルフ会員権・リゾート会員権等
- 株、社債等

↓

有効に活用しているか？（売上貢献しているか）

NO → 早めに処分 → **キャッシュの確保**
コスト削減／節税対策／新たな投資

YES → 更なる有効活用を検討 → **キャッシュの確保**

↓

資金繰りの改善

Point!
- 全ての資産を時価で評価し実態を把握する
- 所有すべき資産については更なる有効活用方法を検討する
- 経営に直接関係しないムダな資産を持っていないかを洗い出す
- 売上貢献度が低い資産は思い切って売却する
- 仮払金や立替金の中身を確認し精算を早める
- 経営者への貸付金は計画的に回収する

69 売掛金回収の視点

売掛金が増えれば増えるほど資金は逼迫します。売掛金の早期回収は今後の資金繰りに大きな影響を及ぼします。

1 無理な押込み販売、請求漏れ、回収漏れを起こさない仕組みを作る

前年と比較して売上が増加していないのに売掛金が増加している場合や、売上の増加割合よりも売掛金の増加割合が高い場合は、営業のやり方に問題があります。

売り込むために支払期間を延ばす等、回収条件を変更したり、信用限度を超える額の掛売りをしてしまうと、回収は遅れ、売掛金の残高は増加してしまいます。また、請求漏れや回収漏れが生じることによっても、売掛金は増加します。

右図のように、販売は売るだけでなく、代金を回収して初めて完了するものです。「回収なくして営業なし」という考え方を全社員に浸透させることが必要です。

2 回収サイト順の顧客一覧表を作成する

右図のように顧客別の回収サイトを明確にした顧客一覧表を作成し、回収サイトが長い顧客に働きかけて回収サイトを短縮する方策を練ります。また、回収サイトが短く売上が多い顧客に対しては、より利益率が上がらないか、利益率が高く回収サイトが比較的短い顧客に対しては、拡販が可能か等を多角的に検討します。

これらによって、顧客全体の回収サイトをより短縮させ、売掛金の早期回収を実現していきます。

なお、顧客の支払条件通り回収がなされない場合には、早々に督促をする等して遅延管理を十分に行い、売掛金の焦げ付きが発生しないようにします。

売上回収までのプロセス

```
自社のPR活動
    ↓
売り込み活動  ┐
    ↓        │
受　　注      ├─ 売上の始まりにすぎない
    ↓        │
商品(製品)の引渡 ┘
    ↓
商品(製品)を渡しただけにすぎない
    ↓
請求書の発行
    ↓
代金の回収
```

代金を回収した時点で売上(販売)が完了。回収できなければ贈与になってしまう

＜顧客一覧表＞

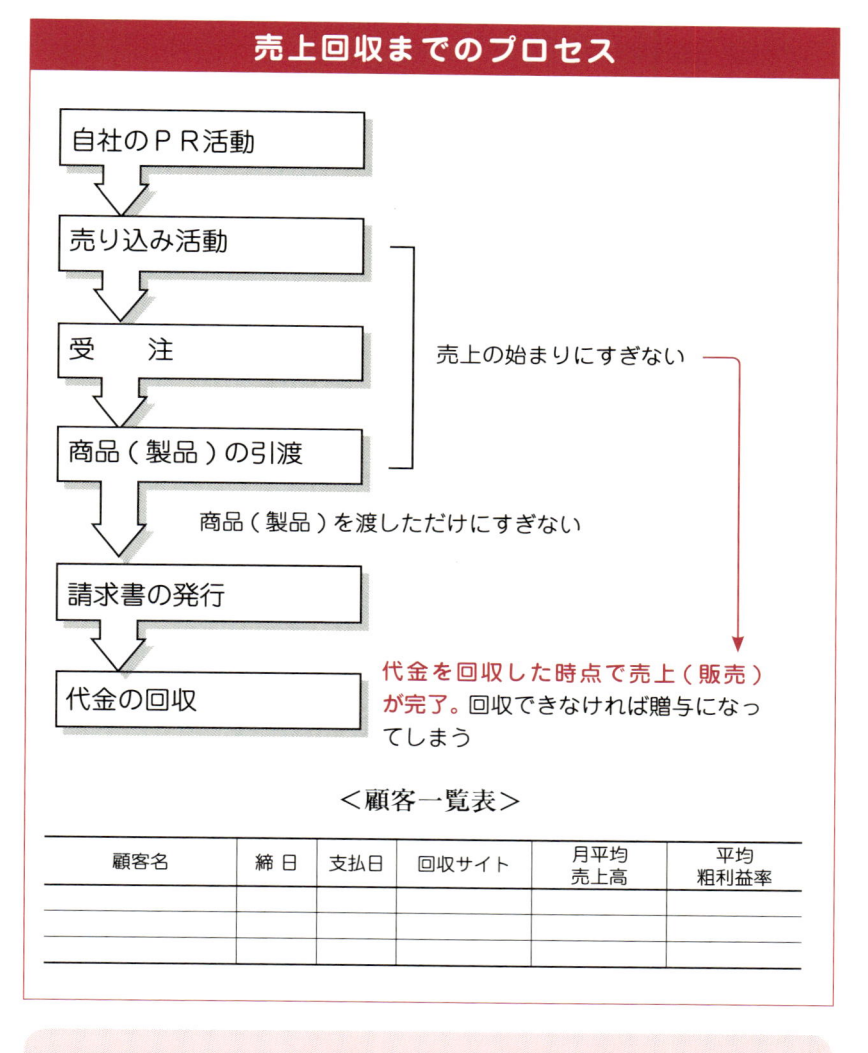

顧客名	締日	支払日	回収サイト	月平均売上高	平均粗利益率

Point!
- 販売代金が回収されないと資金は寝てしまう
- 回収なくして営業なし
- 顧客を回収サイト別に管理し、遅延が生じないようにする

70 在庫管理の視点

在庫は資金がモノになり代わって寝ているものであり、いかに少ない在庫でまわしていけるかで今後の資金繰りは変わります。

1 在庫は売れ筋商品（製品）だけを持つ

在庫として保管しておく商品（製品）を売れ筋商品（製品）と陳列品だけに限るようにすれば、滞留在庫や不良在庫をなくすことができます。

売上高の80％は、全商品の20％から構成されていると言われています。これが80：20の法則です。

全品目の20％を持っていれば、売上高の80％はほぼカバーすることができます。保管しておくのは20％の品目で十分だと、心得ます。

なお、売れ筋商品（製品）は適正在庫量を決めておき、品不足にも過剰在庫にもならないように在庫量を管理する必要があります。

2 不要な在庫は処分する

実地棚卸を定期的に行い、在庫の年齢調べをして、滞留在庫や不良在庫等の不用品を発見します。これらの在庫でも、持っていればいつかは売れるだろうと考える場合もありますが、在庫には保管コストがかかり、保管するためのスペースも必要となります。

そこで、発見された滞留在庫や不良在庫は、バーゲン等によって、早めに処分します。少しでも資金を回収できれば、その資金を有効利用することができます。

売上のＡＢＣ分析

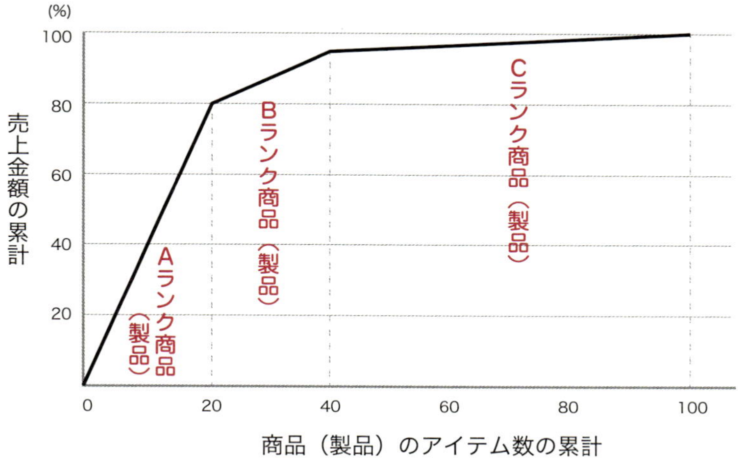
(%)
100
80
60
40
20
0
売上金額の累計
Aランク商品（製品）
Bランク商品（製品）
Cランク商品（製品）
0
20
40
60
80
100
商品（製品）のアイテム数の累計

Aランク商品（製品） 売上金額が大きい商品（製品） － 構成比 20%

⇨ **適正在庫数を決めて、欠品を起こさないように在庫を持つ**

Bランク商品（製品） 売上金額がほどほどの商品（製品）

Cランク商品（製品） 売上金額が少ない商品（製品）

（Bランク・Cランク）構成比 80%

⇨ **最低限の在庫だけ持っておき、受注 → 発注で対応**

Point!

- ☞売上のＡＢＣ分析を実施する
- ☞実地棚卸しで在庫の年齢調べをする
- ☞滞留在庫、不良在庫、不用品は早めに処分し、資金回収する

71 設備投資の視点

設備投資は、良きにつけ悪しきにつけ、会社経営の根幹を揺るがすものです。設備投資をするにあたってのセオリーをおさえることで、資金繰りは大きく改善します。

1 設備は賃借して投資額を最少に抑える

会社経営の中で一番資金繰りを苦しくするのが設備投資です。設備投資には、予定通りの収益が獲得できない、また、コスト削減効果が得られないといったリスクも生じます。従って、設備投資をする際には、その金額を最少に抑えることが重要となります。

右図の「設備投資の判断基準」にもとづき、投資利益率が低く、また、回収期間が長いことが予想された場合には、賃借を検討する必要があります。設備を賃借して投資額を最少に抑えることによって、資金繰りは改善されます。

2 設備投資には短期借入金を使わない

設備投資をすると、資金が一度モノになって寝てしまいます。ですから、本来は自己資金で賄うのが原則です。しかし、賄いきれない場合が多々生じます。その際は、借入金によることが多いのですが、短期借入金を使ってしまうと、自転車操業に陥ってしまいます。

短期借入金とは、1年以内に返済しなければならない借入です。設備投資資金が1年で回収できるとは考えづらいものです。短期借入金で賄うと、毎年借り換えが必要となり、いつ借り換えの拒絶を受けるかわかりません。借り換えができなくなれば、他から一時的に資金を調達しなければならず、常に資金繰りに追われてしまいます。借入金で設備投資をする場合は、必ず長期借入金を使うことが重要です。

設備投資の視点

<設備投資の判断基準>

$$投資利益率 = \frac{増加する利益額}{投資した金額}$$

$$回収期間 = \frac{投資金額}{増加する利益額 + 減価償却費}$$

<購入と賃借との対比表>

	設備投資	
	購入した場合	賃借した場合
メリット	・汎用性がある ・制約がなく、活用範囲は広がる ・長期間使用の場合にはトータルのコストが少ない ・モノによっては担保になる	・少額の資金で活用が可となる ・撤退しやすい ・資金が寝ることを回避できる
デメリット	・多額の資金が必要となる ・資金が長期間寝てしまう ・遊休してしまうと撤退が容易ではない ・失敗すると会社の骨格が崩れてしまう	・制約を受ける ・長期的に使うと購入よりもコストが多くなる

Point!

☞ 設備投資をする時は、賃借も検討する
☞ 設備投資の調達は原則、自己資金である
☞ 設備投資を自己資金で賄うことができない場合は、長期借入金によって賄う
☞ 低成長期における設備投資は直接収益を生むものに限定する

72 資金調達の視点

資金調達先を内部・外部に区分けし、どのような調達方法が自社に適しているかを見極めた上でその優先順位を付けます。計画的に資金を調達できるかどうかが今後の資金繰りのカギになります。

1　直接金融の導入を検討する

これまで外部からの資金調達の主流は、手っ取り早い金融機関からの借入で、その他調達の道は、中小企業にとっては門戸の狭いものでした。

しかし現状では、増資や社債の発行等ができるように法律が整備され、色々な制度や市場が創設されています。右図のように資金調達の方法は、間接金融と直接金融に分けることができます。直接金融の門戸が大きく開かれた今、可能な限り直接金融での調達方法を検討することが必要です。直接金融であれば担保がなくても、また、安い調達コストで、長期的に安定した資金を調達することができます。

2　少人数私募債を活用する

資金調達の方法の一つに少人数私募債の発行があります。

株式会社で社債の購入者が50人未満、1口の社債額が発行総額の50分の1未満、縁故関係者に対して募集すること、購入者に金融のプロがいないこと等の条件を満たせば、簡単に発行することができます。

一般の社債と違い、顧客や仕入先等の会社関係者や経営者を信頼してくれる人が購入者となります。もちろん、担保・保証人は必要なく、償還期限まで調達した資金を活用することができます。

間接金融と直接金融

間接金融

会社 ← 借入 ← 金融機関 ← 預入 ← 預金者

金融機関を通して資金を調達

- ◆資金の調達 … 銀行が貸し手(個人や企業)から資金を集めて、借り手(企業)に貸し付ける
- ◆リスク … 銀行が負う
- ◆金融仲介機関 … 銀行、信用金庫、保険会社等

直接金融

会社 ← ・増資 ・社債発行等 ← 市場 ← 資金提供者(・機関投資家 ・一般投資家等)

市場を通して、資金提供者から直接資金を調達する

- ◆資金の調達 … 借り手(企業)が株式や債券を発行して、貸し手(個人や企業)から直接借りる
- ◆リスク … 貸し手(個人や企業)が負う
- ◆金融仲介機関 … 証券会社等

Point!

☞ 直接金融による調達方法を洗い出してみる
☞ 自社に適した直接金融の導入を検討する
☞ 少人数私募債のメリットを活かす

第6章　キーワード

用　語	意　味
ＡＢＣ分析	在庫管理や販売管理等で重点管理を行う際に、要素項目の重要度や優先度を明らかにするための分析手法。重点分析とも呼ばれる
間接金融	金融機関を通じて資金を調達すること
焦げ付き	取引先の資金繰り悪化等によって、売掛金等が回収できなくなること
在庫の年齢調べ	在庫の品目ごとにどのくらい在庫として寝ているのかを把握すること
塩漬け	株価等が値下がりし、損失を抱えたまま長期間保有し続けている状態のこと
資金繰り	資金のやり繰り。入金と出金のタイミングを捉え、管理すること
自己資金	自己資本と同一で、株主から出資してもらった出資金、剰余金、自己株式等のこと
自転車操業	資金の借入と返済を繰り返しながら、かろうじて操業を続けていること
社債	広く一般から大量に資金を調達するために会社が発行する債券
少人数私募債	社債の一種。担保や保証人がいらず、毎月返済する必要もなく、金利を自社で決めることができる等の特徴をもつ
節税	合法的な方法で税負担を減少させる行為
ゼロベース	過去にかかった費用等を全て原点（ゼロ）に戻して、ゼロの状態から検討すること

用　語	意　　味
先行管理	将来を予測しながら、業績阻害要因を発見・対策・解決していくこと
増資	新たに株式を発行することによって資本の増強を図ること
滞留在庫	売れることが少なく極めて動きの鈍い在庫のこと
直接金融	市場を通して資金提供者から直接資金を調達すること
投資利益率	投資した設備によってどの程度の利益をもたらしたかを見る指標
80：20の法則	「売上高の80％は全商品の20％から構成されている」という法則
ＰＬ保険料	製品の欠陥により損害賠償責任が生じる事態に備えて、かけておく保険料のこと
費用対効果	使用した費用でどの程度収益を上げられたかの割合
不良在庫	在庫の中で売れることなく在庫となり続ける「死に筋在庫」のこと
予実対比	予算と実績とを比べ、その差異がどの程度生じたのかを確認すること
予算	会社が経営ビジョンにもとづいて設定した具体的目標を数字として表わしたもの
予定資金繰り表	数ヶ月先の資金繰りの状況を予測するために作成する表

１日でわかる経理

2013年7月13日第1刷発行
2022年6月 6 日第6刷発行

著　者	林　忠史
発行者	千葉　弘志
発行所	株式会社　ベストブック
	〒106-0041
	東京都港区麻布台3-1-5 日ノ樹ビル5F
	電話　03-3583-9762（代）
	www.bestbookweb.com
印刷・製本	中央精版印刷株式会社
	ISBN 978-4-8314-0181-6　　C0034
	禁無断転載 ©

著者紹介

林 忠史（はやし ただし）

中小企業経営をフィールドに大人気のビジネスコンサル。著書や講演は「わかりやすい」と大評判！

　昭和31年群馬県出身。有限会社マス・エージェント代表取締役。人事管理、経営管理等中小企業の管理事業支援を行う傍ら、社員研修・実務セミナー講師として活躍。主に中小企業における経営手法、財務戦略等指導実績を積み総合コンサルティング業務を展開。ISOコンサルティング（9000S、14000S）も手がける。

　著作に「若手ＯＬがいきなり会社の経理をまかされる」（弊社刊）「２２の図解でわかる経営体質を改善するポイント」「経理実務ハンドブック」他（いずれも㈱日本マネージメント・リサーチ）